WANN ENDLICH KOMMT ER WIEDER?

ODER SIND NOCH EINIGE HAUSAUFGABEN ZU MACHEN?

GEORGE E. MARKAKIS

EDITION PJI

Und der Geist und
die Braut sprechen:
Komm, Herr Jesus.
Komm!

Es spricht,
der dies bezeugt:
„Ja, ich komme schnell."
Amen! Ja, komm,
Herr Jesus!

WANN ENDLICH KOMMT ER WIEDER?

ODER SIND NOCH EINIGE HAUSAUFGABEN ZU MACHEN?

GEORGE E. MARKAKIS

Impressum

Die Bibelstellen sind in der Regel der Schlachter 2000 entnommen: Bibeltext der Schlachter, Copyright © 2000 Genfer Bibelgesellschaft. Wiedergegeben mit freundlicher Genehmigung. Alle Rechte vorbehalten, und an den gekennzeichneten Stellen aus folgenden Übersetzungen zitiert bzw. ins Deutsche übertragen:

ELB – Revidierte Elberfelder Bibel © 1985/1991/2006 SCM-Verlag GmbH & Co. KG, Witten 2008.

GM – Übersetzung des Autors aus dem Hellenischen ins Englische.

HFA – Die Bibelstellen sind der Übersetzung Hoffnung für alle® entnommen, Copyright © 1983, 1996, 2002, 2015 by Biblica, Inc.®. Verwendet mit freundlicher Genehmigung des Herausgebers Fontis – Brunnen Basel.

LUT – Die Bibel nach Martin Luthers Übersetzung, revidiert 2017,
© 2016 Deutsche Bibelgesellschaft, Stuttgart.

MENGE – Menge-Bibel, Deutsche Bibelgesellschaft.

Hervorhebungen einzelner Wörter oder Passagen innerhalb von Bibelzitaten sowie Ergänzungen in runden Klammern wurden vom Autor vorgenommen; Ergänzungen in eckigen Klammern stammen aus der Bibelübersetzung.

Umschlag und Satz: Peter Ischka, Adelberg

Fotos: Agentur PJI UG, George E. Markakis, Wikipedia, Pixabay

Übersetzung und Lektorat: Gabriele Pässler, Görwihl

Printed in Germany

ISBN 978--3-944764-21-4

INHALT

ERSTE AUFLAGE

Sie halten die erste Auflage dieses Buches in der Hand. Wir waren sehr darauf bedacht, Fehler zu korrigieren; sollten Sie trotzdem noch welche finden, bitten wir um Nachsicht und um einen Hinweis an:

george.e.markakis@gmail.com

Darüber hinaus finden Sie Ausdrücke und Formulierungen, die Ihnen vielleicht ungewohnt erscheinen. Vieles in diesem Buch beruht auf hellenischem (griechischem) Denken, gekleidet in deutsche Wörter, ähnlich wie im Neuen Testament - dort wurde hebräisches Denken in hellenischen Wörtern wiedergegeben.

Am Ende dieses Buches finden Sie eine kurze Lebensbeschreibung des Autors George E. Markakis. Sie soll Ihnen helfen zu verstehen, wer hier spricht, wie er die Autorität erwarb, aus der Bibel zu lehren, und wie dieses Buch entstanden ist. Die Herausgabe wurde ermöglicht durch Freunde von „Shalom Apostolic Minstries", einem international tätigen Dienst. Ein Dank an euch, liebe Freunde!

George ist auch Pastor des Shalom-Center Athen, gegründet 2003 - in diesem Jahr feiern wir 15 Jahre Gebet, Anbetung, Bibelstudium, gemeinsame Nachfolge und Dienst.

George E. Markakis mit seiner Frau Evi

Mitgewirkt an diesem Buch hat meine Frau Evi, die ich hoch schätze und von Herzen liebe. Danke, mein Schatz, für alle Unterstützung und Hilfe in jeder Hinsicht, in geistlichen und weltlichen Dingen. Die Bibel sagt, dass die Frau die Herrlichkeit ihres Mannes ist. Es ist mir ein Vorrecht und ein Segen, dich zur Ehefrau zu haben, zur Lebensgefährtin, zum Partner im Dienst.

George

ZUM GELEIT

Seid bereit!
Denn der Sohn des Menschen kommt
zu einer Stunde, da ihr es nicht meint!

Wir wollen eifrig das Werk tun, das Jesus uns aufgetragen hat, bis er wiederkommt. Dieses Buch soll unseren Eifer anfachen. Es besagt nicht, dass die Wiederkunft Christi noch so weit entfernt wäre, dass sie uns gleichgültig sein könnte; die Botschaft lautet vielmehr: Wir haben einen Auftrag, der vor Jesu Wiederkunft erfüllt werden muss, und auf den sollten wir uns konzentrieren!

Jesus selber sagte in **Matthäus 24** zu dieser Frage:

> *Um jenen Tag aber und die Stunde weiß niemand, auch die Engel im Himmel nicht, sondern allein mein Vater. Wie es aber in den Tagen Noahs war, so wird es auch bei der Wiederkunft des Menschensohnes sein. [...] Darum seid auch ihr bereit! Denn der Sohn des Menschen kommt zu einer Stunde, da ihr es nicht meint!* (V. 36–37.44).

Diese Mahnung bekräftigte er eindringlich durch das Gleichnis von den zwei Knechten. Der eine ist weise, er führt den Auftrag seines Herrn eifrig aus. Über den anderen sagte Jesus:

> *Wenn aber jener böse Knecht in seinem Herzen spricht: Mein Herr säumt zu kommen!, und anfängt, die Mitknechte zu schlagen ..., so wird der Herr jenes Knechtes an einem Tag kommen, da er es nicht erwartet, und zu einer Stunde, die er nicht kennt, und wird ihn entzweihauen und ihm seinen Teil mit den Heuchlern geben. Da wird das Heulen und Zähneknirschen sein* (V. 48–51).

Dieses Buch zeigt Prophetien der Bibel, die *vor* der Wiederkunft Christi erfüllt sein werden; doch das sollte niemanden denken lassen: „Mein Herr kommt noch lange nicht; also kann ich leben, wie es mir gefällt." Das angeführte Gleichnis soll uns zeigen, dass wir unserem Auftrag gemäß handeln sollen, bis Jesus wiederkommt.

Befleißigen wir uns also, vorausplanend, zielgerichtet und konzentriert des Herrn Werk zu tun, damit der Herr in uns „treue und kluge" Diener findet.

VORWORT

Kurzporträt der Hauptperson
Jesus Christus

Gottes Frieden, seine Gnade, seine Liebe sei mit Ihnen und in Ihnen! Ich bitte den Herrn, dass er Ihnen den Geist der Weisheit und Offenbarung gibt, damit die Wörter in diesem Buch zum lebendigen Wort Christi werden und in Ihrem Herzen seine Wahrheit offenbart wird. Das kann nur der Geist Gottes tun.

Hauptperson dieser Studie ist Jesus Christus; dieses Buch wurde für ihn geschrieben. Es soll Ihnen Jesus lebendig machen als Herrn und König und dazu führen, dass Sie die Bibel mehr schätzen als zuvor; die Bibel ist ja nicht irgendein Buch, sondern das lebendige und ewig gültige Wort Gottes. Wenn diese Bibelarbeit das nicht bewirkt, dann bin ich diesem Auftrag nicht gerecht geworden; das würde ich bedauern. Wenn Sie Jesus Christus noch nicht kennen als den, der Sie vom eisernen Griff des Todes erlöst und errettet hat, als den Herrn über Leben, Seele und Körper, als den König, der zur Rechten Gottes, seines Vaters, sitzt und der Ihnen das Recht und die Macht gibt, ein Kind Gottes zu heißen - wenn Sie ihn also noch nicht so kennen: Ich bete, dass dieses Buch Ihnen hilft, die allerwichtigste Wahrheit zu entdecken, nämlich wer Jesus Christus wirklich ist.

Er ist nicht bloß ein Mensch, der einmal gelebt hat, und ganz sicher kam er nicht auf die Erde, um eine großartige Weltreligion zu stiften. Jesus ist Gott, aber er verzichtete auf seine Göttlichkeit und kam in diese Welt als ein Knecht, damit er als „Menschensohn" die Autorität hatte, am Kreuz auf Golgatha die Macht des Todes zu besiegen. Dort gab er sich als lebendiges Opfer in den Tod, um die Sünde der Welt zu sühnen. Er starb und ging in das Totenreich, den Hades, und zeigte, wer er wirklich war: Er nahm die Schlüssel des Hades und des Todes an sich - und dann wurde er durch die Macht Gottes vom Tode auferweckt.

Nach 40 Tagen *stieg er auf in den Himmel* und *setzte sich zur Rechten Gottes, seines Vaters* als *König und Herr,* als *Apostel und Hoherpriester Gottes,* als der, der *die Schlüssel des Totenreiches und des Todes* hat; er ist *das Licht der Welt,* der *Fürst (Urheber) des Lebens, ein Gott des Rechts;* er heißt *„Der Treue und der Wahrhaftige"; und in Gerechtigkeit richtet und kämpft er.*[1]

Aus Sicht der Religionen dieser Welt ergibt keine einzige von diesen Aussagen über Jesus irgendeinen Sinn.

Religionen beschäftigen sich in der Regel mit dem Menschen. Sie stellen Gebote auf, sie haben absolute Werte, sie regeln das Zusammenleben; sie schaffen ein Gottesbild gemäß den Erfahrungen und der Denkart der Menschen; sie bestimmen, was Gut und Böse ist, und dabei fließen Kultur und Denkweise ihrer Gründer oder Anhänger mit ein; sie entwickeln eine Theologie aufgrund ihres Gottesbildes und der religiösen Tradition der Umgebungskultur.

Aber das, was die Bibel über Jesus sagt, stellt ihn außerhalb all dieser Anliegen der Religion. Sie sagt uns, wer Jesus ist und was er tat, als er Mensch war und auf der Erde lebte; aber diese Information an sich ist nie ein Aufruf zu Religiosität, zu Wohltätigkeit und Engagement für andere oder dergleichen, womit man einen Gott beschwichtigen, verstehen, erklären oder zu etwas bringen könnte (was mancher gerne hätte und was Religion meist bewirken will).

Jesus Christus kam nicht auf die Erde, um Anhänger zu gewinnen; er kam, um das Werk seines Vaters zu tun, für das er gesandt wurde: das Evangelium vom Reich Gottes zu verkünden.

Als ein Diener tat er das Werk Gottes, und *so ist er allen, die ihm gehorchen, der Urheber ewigen Heils geworden,* und Gott verlieh ihm Autorität, sich *zur Rechten Gottes zu setzen, und er wartet hinfort, bis seine Feinde als Schemel für seine Füße hingelegt werden.*

Was der Engel Gottes seiner Mutter Maria verkündete, zeigt: Gott sandte Jesus nicht, damit er ein berühmter Mensch würde; er hatte ganz Anderes mit ihm vor. Lesen wir selbst:

> **Lukas 1,30-33** *Und der Engel sprach zu ihr: Fürchte dich nicht, Maria! Denn du hast Gnade bei Gott gefunden. Und siehe, du wirst schwanger werden und einen Sohn gebären; und du sollst ihm den Namen* ***Jesus*** *geben. Dieser* ***wird groß sein*** *und* ***Sohn des Höchsten*** *genannt werden; und* ***Gott der Herr wird ihm den Thron seines Vaters David geben****; und er wird regieren über das Haus Jakobs in Ewigkeit, und* ***sein Reich wird kein Ende haben****.*

Diese Bekanntmachung wurde im Himmel veröffentlicht und auf der Erde verkündigt, um klarzustellen, dass Jesus ein Himmlischer war und warum er als Mensch geboren werden sollte. Es ist offensichtlich: Die Geburt Jesu geschieht vollkommen anders, als wir es sonst kennen und gewohnt sind, und sie trägt nichts, aber auch gar nichts bei zu der Suche nach der „fernen Macht" eines „höheren Wesens".

Mehr noch: Nichts in dieser Ankündigung dient dazu, irgendjemanden von irgendetwas zu überzeugen oder irgendjemanden für eine neue Religion, Organisation oder Gruppe zu gewinnen. Sie ist ganz einfach ein Bekenntnis der unumstößlichen Wahrheit, und darauf gründet und stützt sich auch dieses Buch. So wie Jesus bei seiner Menschwerdung auf die Erde kam, so wird er auch wiederkommen: durch die Macht und den Willen des allmächtigen Gottes. Nichts, was irgendein Mensch glaubt oder nicht glaubt, tut oder nicht tut, sagt oder nicht sagt, könnte an Gottes Plan und Terminkalender irgendetwas ändern. Dieses Buch soll uns helfen, unsere Verantwortung zu erkennen, uns an unsere Berufung zu erinnern und klarer zu sehen, was geschrieben steht, damit wir im Dienste unseres Königs auf dieser Erde effektiver sind und mehr Frucht bringen.

Ich habe den lebendigen Jesus selber erlebt, deshalb rede ich von ihm und seinem Königreich. *(Viele von Ihnen sind ihm wie ich persönlich begegnet; Sie wissen, wovon ich spreche.)* Diese Bibelarbeit war nicht meine Idee; ich habe der Anweisung Gottes gehorcht, er hat mir die Schrift erklärt.

Das soll nicht heißen, dass dieses Buch vollkommen und makellos wäre; ich sage nur: Was der Heilige Geist mir beim Forschen in der Schrift an Verständnis gegeben hat, das habe ich so korrekt wie nur möglich aufgeschrieben. Damit will ich nur eines bewirken: dass Gottes Volk auferbaut, ausgerüstet, ermutigt und motiviert wird, das Evangelium vom Reich Gottes in Aktion zu setzen, solange wir am Leben sind und der Heilige Geist uns Kraft gibt - damit viele die Wahrheit finden, den Weg, das Leben, das Licht: Jesus Christus.

Kapitel 1

Die Wiederkunft Christi

Wann genau Jesus wiederkommt, das weiß keiner; aber gemäß dem, was Jesus gesagt hat sowie der Apostel Paulus und König David samt den Propheten Maleachi, Daniel und Hosea, kommt er nicht so bald zurück, sehr wahrscheinlich nicht zu unseren Lebzeiten.

Viele wichtige Prophetien[2] der Bibel sind nämlich noch nicht erfüllt und das, was Gott durch das Evangelium vom Reich Gottes bewirken will, ist noch nicht ausgeführt.

Die Eckpunkte

► Gott hat die Welt *nicht* geschaffen, weil er mit ihr Schluss machen wollte. Es wäre weiser zu fragen, **warum** Gott die Welt erschaffen hat, was er von uns erwartet und **wozu** er uns geschaffen hat - grundsätzlich; und im Einzelnen: warum er uns in Jesus Christus zu neuen Menschen gemacht hat.

► Wir haben *noch viel zu tun*, bis unser Auftrag auf dieser Erde ausgeführt ist. Wir sind Gottes königliche Priesterschaft, ein Volk, das Gott für sich selbst erkauft hat durch das Blut Jesu, damit wir seinen ewigen Plan ausführen - um genau dieses Planes willen hat er auch die Welt erschaffen.

► Der Missionsbefehl (Matthäus 28,19-20 „Macht zu Jüngern alle Völker") wird erst abgeschlossen sein, wenn „die Vollzahl der Heiden (Nichtjuden) eingegangen ist" (Römer 11,25). Was diese „Vollzahl der Völker" ist, weiß niemand; doch stellt der Apostel Johannes in der Offenbarung eindeutig fest, dass sie „aus allen Nationen und Stämmen und Völkern und Sprachen" kommen. Davon sind wir noch sehr weit entfernt, demnach liegt auch die Wiederkunft Christi noch weit vor uns.

► Eschatologie (die Lehre von der Endzeit) gehört nicht zum Evangelium vom Reich Gottes, das zu verkünden Jesus auf die Erde kam. Der Abschluss der Endzeit mag ein faszinierendes und aufregendes Thema sein, aber es zeigt uns nicht Christus, es bewirkt keine Jesusähnlichkeit und bringt dem Reich Gottes keinerlei Frucht. Sollten wir unsere Aufmerksamkeit und unsere Kraft nicht lieber der Frage widmen, wie wir mit dem Evangelium vom Reich Gottes die Völker zu Jüngern machen können? Das würde mehr Frucht bringen.

► Israel: Bevor wir uns ernsthaft Gedanken machen über das Ende der Weltzeit, müssen wir wissen und verstehen, was der Apostel Paulus über Israel gesagt hat und was Jesus zu Israel sagte. Haben wir das besser erfasst, dann verliert das Thema „Endzeit" viel von seinem Reiz.

Ein Überblick

Die Bibel spricht von der Wiederkunft Christi am Ende der Weltzeit; davon handelt dieses Kapitel.

Die Bibel lehrt, dass bei der Wiederkunft Christi alle, die mit dem Heiligen Geist versiegelt sind, hinweggerissen werden (auch als „Entrückung der Gemeinde" bezeichnet).

Von der Wiederkunft Christi zu wissen und daran zu glauben, ist für jeden Christen sehr wichtig. Doch hat Jesus, als er von dem Ende dieser Weltzeit sprach, seine Jünger gewarnt (**Matthäus 24,4**):

Habt acht, dass euch niemand verführt!

Zu diesem Thema gibt es viel Verführung, da zu wenig bekannt ist, was die Bibel darüber lehrt; doch das muss nicht so bleiben, deshalb habe ich dieses Bibelstudium zusammengestellt.

Eine große Ursache für diese Verführung ist die Faszination, die das „Ende der Welt" auf Christen ausübt - und das wiederum führt zu einer fragwürdigen Auslegung dessen, was die Heilige Schrift zu diesem Thema sagt, vor allem in zweierlei Hinsicht:

- ▶ Wir haben die „Entrückung" in unsere Theologie vom Evangelium eingebaut.
- ▶ Wir gebrauchen die „Entrückung" als Drohung, um Christen Angst einzujagen.

Ja, es ist wahr: Wir sind berufen, heilig zu leben und unserer Berufung würdig zu wandeln; aber wer das begründet mit „Mach dich bereit für die Entrückung!", könnte genauso gut sagen, wir müssten uns zuerst heiligen, dann würde Jesus uns die Sünden vergeben.

Jede Lehre, der die Idee der „Selbstheiligung" zugrunde liegt, macht das Erlösungsopfer Jesu am Kreuz zunichte; ihre „Werke der Heiligung" sind nichts anderes als Werke des Fleisches, leere Gesetzlichkeit und tote Religion.

Die Entrückung des Volkes Gottes am Ende der Weltzeit an die Bedingung zu knüpfen, wir müssten ein Leben der Heiligkeit und der Heiligung führen, ist, als würde man sagen: „Wenn du dich gesund ernährst und viel Sport machst, wenn du deinem Körper Gutes tust und ihm ausreichend Schlaf gönnst, dann kannst du ruhig sterben."(!) Die Wiederkunft Christi und die „Entrückung" derer, die das Siegel des Heiligen Geistes haben, am Ende der Weltzeit gehört *nicht* zum Evangelium vom Reich Gottes.

Die Wiederkunft Christi und die Entrückung hat Gott lediglich *als Abschluss* der Zeit des Evangeliums bestimmt und bekanntgegeben; die Zeit des Evangeliums ist die Zeit der *ekklesia*[3], und die endet, wenn die Vollzahl der Heiden ins Reich Gottes eingegangen ist.

Es ist ganz einfach eine Ankündigung; da gibt es nichts zu diskutieren noch ist es ein Grund, irgendeine Lehre daraus zu entwickeln. Die Entrückung wird geschehen und kein Mensch kann irgendetwas daran ändern oder irgendwie darauf Einfluss nehmen!

Keiner geht in ein Musical oder ins Theater, um zu beobachten, wie der Vorhang fällt; niemand beginnt ein Fußballspiel, damit er es abpfeifen kann; keiner bringt ein Kind zur Welt, um es sterben zu sehen. Das Ende ist immer die natürliche *Folge*, aber nie *Zweck* des Lebens.

Es gibt Christen, für die gehört die „Entrückung" so sehr zum Evangelium, dass sie sogar damit evangelisieren(!). Doch eine Predigt über eine unmittelbar bevorstehende Entrückung wird schwerlich jemanden zu Jesus führen; jedenfalls ist das *nicht* das Evangelium Jesu Christi. Und sollte tatsächlich jemand religiös werden aus Angst, die Entrückung zu verpassen: diese Art der Bekehrung wäre keine Frucht der Umkehr von Sünde, keine Frucht der Liebe zu

Gott; sie entspränge nur dem Wunsch, einer „Katastrophe" zu entrinnen. Aber Gottes Gedanken für seine Kinder sind viel größer!

Ja, Gott hat uns über das Ende informiert; für unsere Zeit auf der Erde aber hat er uns einen Lebenszweck gegeben und eine Sicht, einen Traum, ein Werk, das wir zu vollbringen haben, damit vollendet wird, was er vorhatte bei der Erschaffung der Welt. Er hat gute Werke für uns vorbereitet, die sollen wir tun:

> **Epheser 2,10** *Denn wir sind seine Schöpfung, erschaffen in Christus Jesus zu guten Werken, die Gott zuvor bereitet hat, damit wir in ihnen wandeln sollen.*

Das sind *keine* Werke der Heiligung; mit diesen guten Werken, von denen der Apostel Paulus spricht, können wir keine Heiligkeit „erwerben" und sie haben keine Auswirkung auf die Entrückung. Sie dienen dem Zweck, zu dem Gott Jesus gesandt hat: das Evangelium vom Reich Gottes zu verkünden. Wenn dieser Zweck des Evangeliums erfüllt ist, dann wird das Ende kommen: Jesus kommt wieder, entrückt sein Volk und dann ist das Ende der Weltzeit da.

Als Jesu Jünger ihn fragten: „Sage uns, wann wird dies geschehen, und was wird das Zeichen deiner Wiederkunft und des Endes der Weltzeit sein?" (Matthäus 24,3), sagte Jesus zuerst, wir sollten uns nicht verführen lassen, und dann:

> ***Matthäus 24,14*** *Und dieses Evangelium vom Reich wird in der ganzen Welt verkündigt werden, zum Zeugnis für alle Heidenvölker, und dann wird das Ende kommen.*

Seine Jünger fragten ihn auch nach Gottes Zeitpunkten, und die Antwort Jesu zeigt uns deutlich, dass niemand das genaue Datum kennt und niemand weiß, wann dieses Ende kommt:

> ***Apostelgeschichte 1,6-8*** *Da fragten ihn die, welche zusammengekommen waren, und sprachen: Herr, stellst*

du in dieser Zeit für Israel die Königsherrschaft wieder her? Er aber sprach zu ihnen: Es ist nicht eure Sache, die Zeiten oder Zeitpunkte zu kennen, die der Vater in seiner eigenen Vollmacht festgesetzt hat; sondern ihr werdet Kraft empfangen, wenn der Heilige Geist auf euch gekommen ist, und ihr werdet meine Zeugen sein in Jerusalem und in ganz Judäa und Samaria und bis an das Ende der Erde!

Darf ich dieses Gespräch mit eigenen Worten wiedergeben? Ich betone jetzt die *Werke des Evangeliums vom Reich Gottes*, in denen wir wandeln sollen – die Jünger wollten ja wissen, was jeder nur zu gern wüsste:

„Wann ist es so weit?"

Jesus erwiderte: „Das geht euch nichts an. Kümmert ihr euch darum, dass ihr die Kraft des Heiligen Geistes aufnehmt, der auf euch kommen wird – und dann zieht los, tut das Werk, zu dem ich euch berufen habe, und tragt das Evangelium vom Reich Gottes bis an die Enden der Erde und macht Menschen zu Jüngern" (und wenn ihr *das* erledigt habt, wenn dieses Werk getan ist, *dann* kommt das Ende).

Genau das sagt Jesus seinem Volk bis heute:

Ihr habt nicht über das Ende der Welt zu reden; haltet euch nicht auf mit Entrückungs-Fantasien. Die Kraft des Heiligen Geistes habe ich euch nicht gegeben, damit ihr euch durch tote Werke der Religion heilig machen könntet. Ihr seid schon heilig, sonst könntet ihr den Heiligen Geist nicht in euch haben. Den habe ich euch gegeben, damit ihr mein Reich ausbreiten könnt. Seid meine Repräsentanten – wer euch sieht, der soll mich sehen –, und lehrt andere Jünger, die Gebote zu halten, die ich euch gegeben habe:

Matthäus 28,18-20 *Und Jesus trat herzu, redete mit ihnen und sprach: Mir ist gegeben alle Macht im Himmel* *und auf Erden. So geht nun hin und (wtl. Auf dem Weg, Im Gehen) macht zu Jüngern alle Völker, und tauft sie auf den Namen des Vaters und des Sohnes und des Heiligen Geistes und lehrt sie alles halten, was ich euch befohlen habe. Und siehe, ich bin bei euch alle Tage bis an das Ende der Weltzeit!*

In diesem Buch werden wir an verschiedenen Weissagungen[2] sehen, dass das Ende dieser Weltzeit keineswegs unmittelbar bevorsteht und höchstwahrscheinlich auch nicht zu unseren Lebzeiten zu erwarten ist; im Moment müssen wir uns fragen:

Haben wir schon alle Völker der Erde zu Jüngern gemacht?

Was versteht die Bibel unter „Nation"?

Wenn die Bibel von „Volk" oder, je nach Übersetzung, von „Nation" spricht, ist darunter nicht ein Land oder ein Staat zu verstehen; das sieht man z. B. in Apostelgeschichte 2,5 (ELB): „Es wohnten aber in Jerusalem Juden, gottesfürchtige Männer, von jeder Nation unter dem Himmel." Sie alle lebten im Römischen Reich und waren alle Rom unterworfen, aber sie gehörten unterschiedlichen Volksgruppen an.

Der Apostel Paulus hatte das römische Bürgerrecht, gehörte aber zum Volk der Juden. Die Zugehörigkeit zu einem Volk oder einer Volksgruppe wird nicht bestimmt durch den Reisepass, sondern durch Abstammung, Sprache, Kultur usw.

Das (lateinische) Wort „Nation" wird, genau genommen, weithin falsch gebraucht; so behaupten die USA, sie seien „eine Nation unter Gott". Nein, das sind sie nicht. Die USA sind ein Land, ein Staat, genau genommen eher eine moderne Version dessen, was damals das Römische Reich war: ein Vielvölkerstaat.

Ein Beispiel: Pakistanis in Großbritannien haben zwar die *britische Staatsangehörigkeit*, aber sie werden nie zur *Volksgruppe der Engländer* gehören. Auch Waliser, Iren und Schotten sind *Bürger Großbritanniens*, aber sie wurden nie zu *Engländern* im ethnischen Sinne.

Warum sage ich das? Es gibt noch viele unerreichte oder kaum erreichte Volksgruppen in vielen Ländern der Welt, das heißt, deren Angehörige haben noch nie von Jesus gehört; Missionswerke sagen, dass etwa 40 Prozent der Weltbevölkerung das Evangelium noch nie gehört haben - das sind über drei Milliarden Menschen!

Wir sind also noch weit davon entfernt, unseren Auftrag auf Erden zum Abschluss gebracht zu haben - alle Völker der Erde zu Jüngern zu machen gemäß dem Evangelium vom Reich Gottes. Das ist ein anderer wichtiger Punkt; ich erwähne ihn hier nur kurz (er ist zwar wichtig, soll aber hier nur eine Randbemerkung sein):

► Das „Evangelium zur Errettung" zu predigen ist etwas ganz anderes, als gemäß dem Evangelium vom Reich Gottes Menschen zu Jüngern zu machen. Deshalb können wir feststellen:

Die Wiederkunft Christi findet nicht statt, solange noch Gebiete und Völker vom Islam beherrscht sind, der es verbietet, Menschen zu Jüngern Jesu zu machen.

Auch die Prophetien von König David, Jesaja, Maleachi und Hosea bezeugen: Solange der Islam noch an der Macht ist, kommt Jesus nicht wieder und so lange geschieht auch keine Entrückung. Zuerst muss der Islam fallen; das wird zusätzlich bestätigt durch eine Weissagung im Buch Daniel (s. Kapitel 7).

Schon im Alten Bund gab es also bedeutende Prophetien hierzu (s. Kapitel 2); doch die stärkste Stimme, dass der Islam seine Macht verlieren wird, kommt von Apostel Paulus - ihm verdanken wir wichtige Informationen und eine eindrückliche Schilderung des Endes dieser Weltzeit.

Die Bibel nennt uns kein Datum, aber sie sagt deutlich, was geschehen sein muss, bevor Jesus wiederkommt und diese Weltzeit zu ihrem Ende kommt.

Die Bibel über die Endzeit

Matthäus 24,1-4.14 *Und Jesus trat hinaus und ging vom Tempel hinweg. Und seine Jünger kamen herzu, um ihm die Gebäude des Tempels zu zeigen. Jesus aber sprach zu ihnen: Seht ihr nicht dies alles? Wahrlich, ich sage euch: Hier wird kein Stein auf dem anderen bleiben, der nicht abgebrochen wird! Als er aber auf dem Ölberg saß, traten die Jünger allein zu ihm und sprachen: Sage uns, wann wird dies geschehen, und was wird das Zeichen deiner Wiederkunft und des Endes der Weltzeit sein? Jesus antwortete und sprach zu ihnen: Habt acht, dass euch niemand verführt! [...]*
Und dieses Evangelium vom Reich wird in der ganzen Welt verkündigt werden, zum Zeugnis für alle Heidenvölker, und dann wird das Ende kommen.

Apostelgeschichte 1,9-11 *Und als er dies gesagt hatte, wurde er vor ihren Augen emporgehoben, und eine Wolke nahm ihn auf von ihren Augen weg. Und als sie unverwandt zum Himmel blickten, während er dahinfuhr, siehe, da standen zwei Männer in weißer Kleidung bei ihnen, die sprachen: Ihr Männer von Galiläa, was steht ihr hier und seht zum Himmel? Dieser Jesus, der von euch weg in den Himmel aufgenommen worden ist, wird in derselben Weise wiederkommen, wie ihr ihn habt in den Himmel auffahren sehen!*

2. Korinther 5,1-5 *Denn wir wissen: Wenn unsere irdische Zeltwohnung (d.h. unser Körper) abgebrochen wird, haben wir im Himmel einen Bau von Gott, ein Haus (eine Wohnung, d.h. ein himmlischer Körper, ein Geistleib), nicht mit Händen gemacht, das ewig ist. Denn in diesem [Zelt] seufzen wir vor Sehnsucht danach, mit unserer Behausung, die vom Himmel ist, überkleidet zu werden — sofern wir bekleidet und nicht unbekleidet erfunden werden. Denn wir, die wir in dem [Leibes-]Zelt sind, seufzen und sind beschwert, weil wir lieber nicht entkleidet, sondern überkleidet werden möchten (von dem himmlischen Körper), sodass das Sterbliche verschlungen wird vom Leben. Der uns aber hierzu bereitet hat, ist Gott, der uns auch das Unterpfand des Geistes gegeben hat.*

1. Thessalonicher 4,13-17 *Ich will euch aber, Brüder, nicht in Unwissenheit lassen über die Entschlafenen, damit ihr nicht traurig seid wie die anderen, die keine Hoffnung haben. Denn wenn wir glauben, dass Jesus gestorben und auferstanden ist, so wird Gott auch die Entschlafenen durch Jesus mit ihm führen. Denn das sagen wir euch in einem Wort des Herrn: Wir, die wir leben und bis zur Wiederkunft des Herrn übrig bleiben, werden den Entschlafenen nicht zuvorkommen; denn der Herr selbst wird, wenn der Befehl ergeht und die Stimme des Erzengels und die Posaune Gottes erschallt, vom Himmel herabkommen, und die Toten in Christus werden zuerst auferstehen. Danach werden wir, die wir leben und übrig bleiben, zusammen mit ihnen entrückt werden in Wolken, zur Begegnung mit dem Herrn, in die Luft, und so werden wir bei dem Herrn sein allezeit.*

1. Thessalonicher 5,1-2 *Von den Zeiten und Zeitpunkten aber braucht man euch Brüdern nicht zu schreiben. Denn ihr wisst ja genau, dass der Tag des Herrn so kommen wird wie ein Dieb in der Nacht.*

Matthäus 23,37-39 *Jerusalem, Jerusalem, die du die Propheten tötest und steinigst, die zu dir gesandt sind! Wie oft habe ich deine Kinder sammeln wollen, wie eine Henne ihre Küken unter die Flügel sammelt, aber ihr habt nicht gewollt! Siehe, euer Haus wird euch verwüstet gelassen werden; denn ich sage euch: Ihr werdet mich von jetzt an nicht mehr sehen, bis ihr sprechen werdet: „Gepriesen sei der, welcher kommt im Namen des Herrn!"*

Falsche Propheten?

Wie kann es sein, dass es in durchaus ernsthaften Gemeinden prophetische Worte gibt, in denen ein Datum der Entrückung genannt wird oder dass sie unmittelbar bevorstehen und in absehbarer Zukunft geschehen würde, noch zu unseren Lebzeiten? (Die Schrift bietet dafür keinen Anhaltspunkt.)

Die einfache Antwort wäre: „Das sind falsche Propheten." Aber die Heilige Schrift lehrt uns, dass für dieses Urteil bestimmte Tatsachen vorliegen müssen. Gläubige, deren Prophetien danebenliegen, haben in der Regel nichts Böses vor, keine listigen Hintergedanken; die meisten haben sich weder dem Teufel verkauft noch beten sie andere Geister an, und von allem Okkultismus und der Finsternis halten sie sich sorgfältig fern.

Sie haben nicht vor, irgendjemanden zu verführen!

Warum schießen sie dann so daneben - bis dahin, dass sie sogar das Datum der Entrückung angeben, wo diese laut der Gesamtaussage der Bibel in unserer Generation noch nicht einmal in Sicht ist? Sind sie verführt, und wenn ja, warum?

In den Jahren der Beobachtung und der Erfahrung im prophetischen Dienst bin ich zu diesem Schluss gekommen:

Das Verständnis von prophetischen Worten in einer Gemeinde hängt auch mit der dort vorherrschenden Lehre zusammen; diese schafft eine geistliche Stimmung und die durchdringt die Gemeinde. So wird man in einer Gemeinde, in der eine überzogene Gnadenlehre oder ein sogenanntes Wohlstandsevangelium gepredigt wird, schwerlich Prophetien über die Entrückung zu hören bekommen.

Irreführende Prophetien über die Entrückung hört man meist in Gemeinden, in denen andere Spielarten von Verführung gegriffen haben; um diese bloßzustellen und zu entkräften, bedarf es einer guten Bibelkenntnis. Ich sehe zwei große irreführende Strömungen, die gutmeinende, aber unerfahrene und unreife Gläubige dazu bringen, irrige Prophetien zu geben:

1. Die Idee, das Evangelium diene dazu, dass *ich* errettet werde

Das ist nur ein Teil von Gottes Wahrheit über das Erlösungswerk Jesu am Kreuz von Golgatha. Diese Auffassung lässt glauben, Jesus sei (nur) gestorben, um uns die Hölle zu ersparen und damit wir in den Himmel kommen. Die Bibel gibt uns aber eine umfassendere Sicht dessen, was Gott denen anbietet, die an das Erlösungswerk Christi glauben: Jesus starb am Kreuz nicht nur, um uns vor der ewigen Verdammnis zu retten, sondern auch, um uns auf Erden zu Vertretern, zur Niederlassung des Reiches Gottes zu machen - er gibt uns Kraft, seine Zeugen zu *sein*. Mehr noch: Er hat uns „überfließendes Leben" versprochen „im Land der Lebendigen".

Das Evangelium Jesu Christi ist also nicht nur ein „Rettungsring vor der Hölle", es ist das Evangelium von dem *Königreich*, der *Herrschaft Jesu Christi*. Wo statt des Evangeliums vom Reich Gottes nur das egozentrische und verkürzte „Evangelium zu meiner Errettung" gelehrt wird, lässt man Gottes *Vorsatz der Ewigkeiten, den er gefasst hat in Christus Jesus, unserem Herrn* (Epheser 3,11), unter den Tisch fallen.

2. Die Idee, Heiligung beruhe auf unserer Fähigkeit und Willensstärke und wir könnten uns selber ändern, wenn wir uns nur genügend Mühe gäben

Direkt oder unterschwellig lehren manche Kirchen und Denominationen, unsere Heiligung geschähe durch *unser* Tun, durch unsere Anstrengung und Frömmigkeit. Sie reden viel darüber, wie ein Christ sich verhalten solle, über Lebensstil und was man tun müsse und was man nicht tun dürfe, wie man sich zu kleiden habe und so weiter.

Ja, wenn Jesus Christus unser Herr ist, dann haben wir gewisse Normen und Werte, und die sollten tatsächlich gelehrt werden; aber bei aller Disziplin: Diese Ordnungen einzuhalten kann doch niemals unser *Herz* verändern - unsere selbstsüchtigen Wünsche, die Begierden des Fleisches und unser intellektuelles Überlegenheitsgefühl. Kleidung und Umgangsformen machen aus Stolz noch lange nicht Demut.

In manchen Gruppen, die zur Heiligung mahnen und damit Äußerlichkeiten meinen, wird gelehrt: „Wenn Jesus wiederkommt, muss dein Leben in Ordnung sein und du musst heilig sein, sonst wirst du nicht entrückt." - „Keiner weiß, wann es so weit ist, es kann in jeder Minute sein; deshalb müssen wir diese Regeln und Grundsätze eifrig befolgen, damit wir vor Gott gut dastehen, wenn Jesus wiederkommt." - „Wer nicht bereit ist [gemäß unseren Regeln], der verpasst die Entrückung." Sie fördern die Meinung: „Gott beeilt sich, uns aus dieser sündigen Welt herauszuholen, damit wir vor der Großen Trübsal bewahrt werden und vor den Versuchungen des Teufels verschont bleiben und nicht in Gefahr kommen, unsere Errettung doch noch zu verlieren."

Ich sage es klar und deutlich: Heiligung, ein Leben in Heiligkeit gehört zum Christsein dazu; aber Heiligung geschieht nicht durch äußere Werke der Frömmigkeit und Disziplin, sondern nur durch die verändernde Kraft des Heiligen Geistes, durch wahre Sinnesänderung und echte Demut.

·····◆·····

Beide geschilderten Lehrmeinungen sind aufs Engste verwoben mit der Lehre von der Entrückung der Gemeinde als dem großen Ziel, dem der Gläubige zustreben soll. Doch das ist eine Verführung; sie verengt den Blick für die Berufung Gottes für das Volk, das er sich zum Eigentum erworben hat mit dem kostbaren Blut des Lammes. Die Gläubigen trachten dann nicht mehr danach, in ihrem Leben mit aller Kraft für das Reich Gottes Frucht zu bringen, sondern sind vor allem damit beschäftigt, vor Gott gut dazustehen (laut ihrer Auffassung von dem, wie ein Mensch Gottes Wohlgefallen erlangen kann).

Kapitel 2

Die Erde wird voll der Erkenntnis des Herrn

Die Erde wird voll von der Erkenntnis des Herrn, wie die Wasser den Meeresgrund bedecken

Dieses Jesajawort und viele andere wichtige Prophetien der Bibel sind noch nicht erfüllt. Sie gehen erst in Erfüllung, wenn das Evangelium vom Reich Gottes in jedem Stamm, jeder Sprache, jedem Volk und jedem Land Menschen zu Jüngern Jesu gemacht hat, vorher nicht.

Wenn das Werk des Evangeliums vom Reich Gottes getan ist, dann wird die Erde bedeckt sein von der Erkenntnis des Herrn Jesus Christus. Zurzeit, 2017, sieht die Realität anders aus: Etwa 40 % der Weltbevölkerung hat keine Ahnung, wer Jesus Christus ist, und sehr viele haben eine verworrene Vorstellung vom Evangelium.

In Kapitel 1 haben wir gesehen, dass die Wiederkunft Christi „das Ende der Weltzeit" ist (Matthäus 24,1-14). Dann wird sich alles erfüllt haben, was in der Bibel von ihm geschrieben steht, auch das Wort in **Jesaja 11,9**:

Die Erde wird erfüllt sein
von der Erkenntnis des Herrn.

Auch der Prophet Habakuk hat es gesehen (**Habakuk 3,3**):

Seine Pracht bedeckt den Himmel,
und die Erde ist voll von seinem Ruhm.

In Kapitel 1 habe ich dargelegt, dass die momentane Situation auf der Erde noch weit entfernt ist von dieser künftigen Wirklichkeit, die die Propheten im Heiligen Geist schon gesehen haben - Milliarden von Menschen leben in Gegenden und Orten, die noch nicht erfüllt sind von der Erkenntnis des Herrn, und die Erde ist noch nicht voll von seinem Ruhm!

Was auch immer theologische Argumente, Debatten und Meinungen zur „Entrückung" besagen: Die Bibel zeichnet ein sehr klares Bild davon, was auf der Erde geschehen sein muss, damit das Ende der Weltzeit kommen kann. Nicht nur, dass die eben zitierten Worte der Propheten erfüllt sein werden, sondern

Jesus wird sein Erbe, für das er gelitten hat
und gestorben ist, vollständig angetreten haben.

Überall!

An jenem herrlichen Tag, den der Apostel Johannes sah, wird Jesus sein Erbe angetreten haben - es besteht aus Menschen, die durch sein Blut erkauft wurden für Gott, seinen Vater, und die kommen aus aller Welt, ohne Ausnahme, von allen Orten, Stämmen, Sprachen und Volksgruppen.

> ***Offenbarung 5,7-10*** *Und es (das Lamm, also Jesus Christus) kam und nahm das Buch aus der Rechten dessen, der auf dem Thron saß. Und als es das Buch nahm, fielen die vier lebendigen Wesen und die 24 Ältesten vor dem Lamm nieder, und sie hatten jeder eine Harfe und eine goldene Schale voll Räucherwerk; das sind die Gebete der Heiligen. Und sie sangen ein neues Lied, indem sie sprachen: Du bist würdig, das Buch zu nehmen und seine Siegel zu öffnen; denn du bist geschlachtet worden und hast uns für Gott erkauft*
> ***mit deinem Blut aus allen Stämmen und Sprachen und Völkern und Nationen,***
> *und hast uns zu Königen und Priestern gemacht für unseren Gott, und wir werden herrschen auf Erden.*

Damit diese Weissagung vor dem Ende dieser Weltzeit in Erfüllung gehen kann, muss das Evangelium überall und ohne Einschränkung gepredigt worden sein, und überall wird es Jünger Jesu geben!

> ***Maleachi 1,11*** *Denn vom Aufgang der Sonne bis zu ihrem Niedergang soll mein Name groß werden unter den Heidenvölkern, und* **überall** *sollen meinem Namen Räucherwerk und Gaben, und zwar reine Opfergaben, dargebracht werden; denn groß soll mein Name unter den Heidenvölkern sein!, spricht der HERR der Heerscharen.*

Vom Aufgang der Sonne bis zu ihrem Niedergang - das heißt: in aller Welt, von Ost nach West, an welchem Punkt der Erde man auch beginnen mag.

Durch den Propheten Maleachi hat Gott erklärt: ***Mein Name soll groß werden unter den Heidenvölkern***. Ist das heute so? Nein, davon sind wir weit entfernt! Aber wie kommen dann manche Leute dazu zu behaupten, die Wiederkunft Christi könne jederzeit geschehen, sogar zu unseren Lebzeiten? Sollte Gott als Lügner dastehen? Oder vielleicht hat er es einfach nicht geschafft, alles auszuführen, was er gesagt hat?

Auch im Nahen Osten?

Überall – gehört dazu auch der Nahe Osten und alle die Länder, die zurzeit islamisch sind, erklärte Feinde Israels und Bekämpfer des Christentums? Zum Beispiel der Iran?

> ***Jesaja 19,19-25*** *An jenem Tag wird mitten im Land Ägypten ein Altar für den HERRN stehen, und ein Gedenkstein für den HERRN nahe an seiner Grenze; und das wird ein Zeichen und ein Zeugnis sein für den HERRN der Heerscharen im Land Ägypten; denn sie werden zum HERRN schreien wegen ihrer Bedrücker, und er wird ihnen einen Retter senden, der wird kämpfen und sie erretten.*
>
> *Und der HERR wird sich den Ägyptern zu erkennen geben, und die Ägypter werden an jenem Tag den HERRN erkennen; sie werden [ihm] mit Schlachtopfern und Speisopfern dienen, sie werden dem HERRN Gelübde ablegen und sie auch erfüllen. So wird der HERR die Ägypter schlagen, wird sie schlagen und [dann] heilen, und sie werden sich zum HERRN wenden, und er wird sich von ihnen erbitten lassen und sie heilen.*
>
> *An jenem Tag wird von Ägypten eine gebahnte Straße nach Assyrien gehen; der Assyrer wird nach Ägypten und der Ägypter nach Assyrien kommen, und die Ägypter werden mit den Assyrern [dem HERRN] dienen.*
>
> *An jenem Tag wird sich Israel als Drittes zu Ägypten und Assyrien gesellen und inmitten der Erde ein Segen*

sein, denn der HERR der Heerscharen segnet es, indem er sagen wird: Gesegnet bist du, Ägypten, mein Volk, und du, Assyrien, das Werk meiner Hände, und du, Israel, mein Erbteil!

Jesaja hat uns also sehr deutlich gezeigt, wie es im Nahen Osten aussehen wird, bevor das Ende dieser Weltzeit eintrifft und Jesus wiederkommt.

► ***Und der Herr wird sich den Ägyptern zu erkennen geben, und die Ägypter werden ... den Herrn erkennen; sie werden sich zum Herrn wenden***: Von Anfang an ist das Land Ägypten ein wichtiger Teil von Gottes Plan; das Land Ägypten und das Volk der Ägypter haben in der Bibel immer wieder eine große Rolle gespielt. Wenn Gott sagt: ***Gesegnet bist du, Ägypten, mein Volk***, dann verkündet er damit von Anfang an das Ende.

► ***An jenem Tag wird von Ägypten eine gebahnte Straße nach Assyrien gehen [...] An jenem Tage wird Israel als drittes Glied im Bunde mit Ägypten und Assyrien stehen als ein Segen inmitten der Erde*** (MENGE): Warum wütet der Teufel besonders in dieser Weltregion, warum sorgt er mit aller Macht dafür, dass hier ständig Krieg herrscht? Vielleicht, weil er alles tun will, was in seinen Kräften steht, um die Erfüllung dieses Jesajaworts zu vereiteln?

Satan weiß genau: Wenn Ägypten so weit ist, dass Gott zu ihm sagt: ***Ägypten, mein Volk***, dann sind seine Tage gezählt. Das Schlusskapitel wird dann eröffnet und zwar erst dann, wenn das Evangelium Jesu Christi dem Gebiet des alten Assyriens (heute: Syrien, Irak, Iran) grundlegende Veränderung gebracht hat und man *sehen* kann, was Gott über es gesagt hat: ***Assyrien, das Werk meiner Hände***.

Selbst wenn das die einzigen Prophetien wären, die uns zeigen, dass wir uns dem Ende der Weltzeit nähern, würde ich darauf bestehen: Keiner, für den die Bibel das Wort Gottes ist, hat ein Recht, von

„Entrückung" und dem „Ende der Weltzeit" zu reden, solange der Islam nicht gefallen ist und Ägypten, Syrien, der Irak und der Iran nicht zu christlichen Ländern geworden sind.

Es gibt nur eine Möglichkeit, dass diese Worte im Nahen Osten Wirklichkeit werden: durch das Evangelium vom Reich Gottes.

In den Herzen der Menschen dort ist so viel Hass, seit Generationen hat er tiefe Wurzeln geschlagen; deshalb gibt es keine andere Möglichkeit, den Nahostkonflikt zu befrieden, außer dass durch die Macht des Friedefürsten die Liebe das Hassen verdrängt und der Friede das Kriegen.

Nur „eines" kann die muslimischen Araber und die Juden Israels einen: Jesus Christus höchstpersönlich

... und das wird er auch tun! Der Apostel Paulus hat das eindeutig klargestellt.

So wird Israel eifersüchtig

In Römer 11 hat der Apostel Paulus uns ein bedeutendes Ereignis prophezeit, das der Vorbote sein wird, dass diese gegenwärtige Weltzeit nun wirklich zum Abschluss kommt - also die Ära der *ekklesia*, die Zeit des Neuen Testaments:

Ganz Israel wird gerettet, wenn die Vollzahl der Heiden eingegangen ist.

Was der Apostel Paulus hier sagt, bestätigt Jesajas Weissagung über den Nahen Osten: Israel wird sich dem Herrn zuwenden und gerettet werden - *nachdem* Ägypten, Syrien, der Irak und der Iran zu christlichen Ländern geworden sind und dem Staat Israel die Hand der Freundschaft gereicht haben.

Dann wird auch dieses Wort erfüllt:

> ***Römer 10,19*** *Aber ich frage: Hat es Israel nicht erkannt? Schon Mose sagt: „Ich will euch zur Eifersucht reizen durch das, was kein Volk ist; durch ein unverständiges Volk will ich euch erzürnen."*

Hier zitiert der Apostel Paulus 5. Mose 32,21. Gott wird diese Länder gebrauchen, nachdem sie von fanatischen Muslimen zu Christen und von Feinden zu Freunden geworden sind, um Israel zur Eifersucht zu reizen. Dann ist die Vollzahl der Heiden eingegangen, und Israel, das ursprünglich das erste der Völker war, wird als letztes Volk der Welt seine Knie beugen vor Jesus Christus und ihn als seinen Messias willkommen heißen:

Baruch haba beschem Adonai!
Gepriesen sei, der da kommt im Namen des HERRN!

> ***Matthäus 23,37-39*** *Jerusalem, Jerusalem, die du die Propheten tötest und steinigst, die zu dir gesandt sind! Wie oft habe ich deine Kinder sammeln wollen, wie eine Henne ihre Küken unter die Flügel sammelt, aber ihr habt nicht gewollt! Siehe, euer Haus wird euch verwüstet gelassen werden; denn ich sage euch: Ihr werdet mich von jetzt an nicht mehr sehen, bis ihr sprechen werdet:*

„Gepriesen sei der,
welcher kommt im Namen des Herrn!"

> ***Römer 11,1-2.11-12.25-32*** *Ich frage nun: Hat Gott etwa sein Volk verstoßen? Das sei ferne! Denn auch ich bin ein Israelit, aus dem Samen Abrahams, aus dem Stamm Benjamin. Gott hat sein Volk nicht verstoßen, das er zuvor ersehen hat! [...]*

Ich frage nun: Sind sie denn gestrauchelt, damit sie fallen sollten? Das sei ferne! Sondern durch ihren Fall wurde das Heil den Heiden zuteil, um sie zur Eifersucht zu reizen. Wenn aber ihr Fall der Reichtum der Welt und ihr Verlust der Reichtum der Heiden geworden ist, wie viel mehr ihre Fülle! […]

Denn ich will nicht, meine Brüder, dass euch dieses Geheimnis unbekannt bleibt, damit ihr euch nicht selbst für klug haltet: Israel ist zum Teil Verstockung widerfahren, bis die Vollzahl der Heiden eingegangen ist;

und so wird ganz Israel gerettet werden,

wie geschrieben steht: „Aus Zion wird der Erlöser kommen und die Gottlosigkeiten von Jakob abwenden, und das ist mein Bund mit ihnen, wenn ich ihre Sünden wegnehmen werde". Hinsichtlich des Evangeliums sind sie zwar Feinde um euretwillen, hinsichtlich der Auserwählung aber Geliebte um der Väter willen. Denn Gottes Gnadengaben und Berufung können ihn nicht reuen.

Denn gleichwie auch ihr einst Gott nicht geglaubt habt, jetzt aber Barmherzigkeit erfahren habt um ihres Unglaubens willen, so haben auch sie jetzt nicht geglaubt um der euch erwiesenen Barmherzigkeit willen, damit auch sie Barmherzigkeit erfahren sollen. Denn Gott hat alle miteinander in den Unglauben verschlossen, damit er sich über alle erbarme.

Der Apostel Paulus hat also prophezeit: Wenn ***die Vollzahl der Heiden eingegangen ist***, laut der Offenbarung ***aus jedem Stamm und Sprache und Volk und Nation***, einschließlich der Ägypter und der Assyrer (heute: Syrien, Irak, Iran), dann ***wird ganz Israel gerettet werden***.

Das wird das Ende dieser Weltzeit sein, das Ende der Zeit der *ekklesia*, der Zeit des Neuen Testaments.

Kapitel 3

Die Zeit ist nahe; ich komme schnell!

**Das sagte Jesus vor zweitausend Jahren.
Warum ist er immer noch nicht gekommen?**

**Was sagt die Bibel über Gottes Terminkalender
für die Endzeit?**

Schnell – Zwischen Wunsch und Wirklichkeit

Über die Wiederkunft Christi schrieb der Apostel Johannes:

**Und der Geist und die Braut sprechen:
Komm! – Ja, komm, Herr Jesus!**

Offenbarung 22,1-21 *Und er zeigte mir einen reinen Strom vom Wasser des Lebens, glänzend wie Kristall, der ausging vom Thron Gottes und des Lammes. In der Mitte zwischen ihrer Straße und dem Strom, von dieser und von jener Seite aus, [war] der Baum des Lebens, der zwölfmal Früchte trägt und jeden Monat seine Frucht gibt, jeweils eine; und die Blätter des Baumes dienen zur Heilung der Völker. Und es wird keinen Fluch mehr geben; und der Thron Gottes und des Lammes wird in ihr sein, und seine Knechte werden ihm dienen; und sie werden sein Angesicht sehen, und sein Name wird auf ihren Stirnen sein.*

Und es wird dort keine Nacht mehr geben, und sie bedürfen nicht eines Leuchters, noch des Lichtes der Sonne, denn Gott, der Herr, erleuchtet sie; und sie werden herrschen von Ewigkeit zu Ewigkeit. Und er sprach zu mir: Diese Worte sind gewiss und wahrhaftig; und der Herr, der Gott der heiligen Propheten, hat seinen Engel gesandt, um seinen Knechten zu zeigen, was rasch geschehen soll. ***Siehe, ich komme schnell!***[4] *Glückselig, wer die Worte der Weissagung dieses Buches bewahrt! [...]*

Und er sprach zu mir: Versiegle die Worte der Weissagung dieses Buches nicht; denn die Zeit ist nahe! Wer Unrecht tut, der tue weiter Unrecht, und wer unrein ist, der verunreinige sich weiter, und der Gerechte übe weiter Gerechtigkeit, und der Heilige heilige sich weiter! Und siehe, ich komme bald und mein Lohn mit mir, um einem jeden so zu vergelten, wie sein Werk sein wird.

Ich bin das A und das O, der Anfang und das Ende, der Erste und der Letzte. Glückselig sind, die seine Gebote tun, damit sie Anrecht haben an dem Baum des Lebens und durch die Tore in die Stadt eingehen können. [...]

Ich, Jesus, habe meinen Engel gesandt, um euch diese Dinge für die Gemeinden zu bezeugen. Ich bin die Wurzel und der Spross Davids, der leuchtende Morgenstern. ***Und der Geist und die Braut sprechen: Komm!*** *Und wer es hört, der spreche:* ***Komm!*** *Und wen da dürstet, der komme; und wer da will, der nehme das Wasser des Lebens umsonst! [...]*

Es spricht, der dies bezeugt: ***Ja, ich komme schnell!***[5] *Amen. –* ***Ja, komm, Herr Jesus!*** *Die Gnade unseres Herrn Jesus Christus sei mit euch allen! Amen.*

Der Herr, der damals zu dem Apostel Johannes sprach, hat genau das vielen von seinem Volk gesagt, durch die Jahrhunderte hindurch und in vielen Gemeinden: „Die Zeit ist nahe", und: „Ich komme schnell!" Wie in der Anfangszeit zu einigen Gemeinden in Kleinasien (Offenbarung 2,5; 2,16; 3,11), so bezeugt er sich bis heute in vielen prophetischen Worten, Gesichten und Träumen, durch viele Menschen.

Es gibt keinen Zweifel: Der Herr Jesus kommt schnell wieder!

Ich bin einer von diesen Leuten; ich habe den Herrn zu mir sagen hören: „Ich komme schnell." Dasselbe prophetische Wort haben wir durch andere Leute in unserem Dienst (im Shalom-Center Athen) erhalten, und so proklamiere und verkündige ich es auch.

Es ist unbestritten: Der Herr will, dass wir auf der Hut sind, wachsam und voller Erwartung seiner Wiederkunft; aber diese Prophetie von seiner überraschenden Wiederkunft hat keinesfalls irgendetwas annulliert oder außer Kraft gesetzt von allem, was andere Apostel und Propheten in der Bibel aufgeschrieben haben.

Ja, wir glauben an die plötzliche und unerwartete Wiederkunft Christi und rufen mit der Heiligen Schrift: „Ja, komm, Herr Jesus!" Doch sind wir aufgerufen, als Jünger Jesu mit einem belehrbaren Geist in der Schrift zu forschen und alles kennenzulernen, was uns durch den Heiligen Geist in der Bibel gegeben ist.

Gottes Wahrheit beruht nie auf einem einzelnen prophetischen Wort, Traum oder Gesicht unabhängig von der Offenbarung und dem Gesamtzeugnis der Schrift, und prophetische Worte, Träume und Visionen dürfen auch nicht irgendeine andere Weissagung oder Lehre der Apostel beiseite wischen, die vielleicht nicht zu unserem Wunsch passt, dass der Herr bald wiederkommen möge.

Schnell – nach *Gottes* Zeitverständnis

Der Apostel Petrus hilft uns, das Gleichgewicht wiederzufinden und zu verstehen, was Jesus gemeint hat, als er sagte: „Ich komme schnell."

> ***2. Petrus 3,4.8-9*** *... und sagen: Wo ist die Verheißung seiner Wiederkunft? Denn seitdem die Väter entschlafen sind, bleibt alles so, wie es von Anfang der Schöpfung an gewesen ist! [...]*
>
> *Dieses eine aber sollt ihr nicht übersehen, Geliebte,* ***dass ein Tag bei dem Herrn ist wie tausend Jahre, und tausend Jahre wie ein Tag!*** *Der Herr zögert nicht die Verheißung hinaus, wie etliche es für ein Hinauszögern halten, sondern er ist langmütig gegen uns, weil er nicht will, dass jemand verlorengehe, sondern dass jedermann Raum zur Buße habe.*

Direkt vor Vers 4 hat der Apostel Petrus erklärt, warum er diesen Brief schrieb: In den letzten Tagen würden Spötter auftreten (V. 3), die sich über die Wiederkunft Christi lustig machen mit den Worten:

„Wo ist die Verheißung seines Kommens?" Die Bibel hat also vorhergesehen, dass es extreme Reaktionen geben wird, und warnt uns davor.

Die baldige Wiederkunft Christi muss gesehen werden in der Gesamtaussage der Schrift und mit klarem Verstand, ohne Zweifel und Fantastereien.

Gehen wir an den Anfang dieses Abschnitts im 2. Petrusbrief:

> ***2. Petrus 3,1-2*** *Geliebte, dies ist nun schon der zweite Brief, den ich euch schreibe, um durch Erinnerung eure lautere Gesinnung aufzuwecken, damit ihr an die Worte gedenkt, die von den heiligen Propheten vorausgesagt worden sind, und dessen, was euch der Herr und Retter durch uns, die Apostel, aufgetragen hat.*

Und nun erklärt der Apostel Petrus, wir sollten nicht meinen, die baldige Wiederkunft des Herrn geschähe „schnell" nach unserem menschlichen Zeitbegriff, sondern im Rahmen von Gottes Zeitverständnis, denn

... ein Tag bei dem Herrn ist wie tausend Jahre, und tausend Jahre wie ein Tag!

Der Apostel Paulus hat mehrfach geschrieben, dass wir besonnen und nüchtern sein sollen (z. B. Römer 12,3; 2. Korinther 5,13; 1. Timotheus 3,2; 2.Timotheus 1,7; Titus 1,8). Ähnlich legt der Apostel Petrus uns eine „lautere Gesinnung" ans Herz und erklärt, dass wir wach sein und dem Tag des Herrn entgegeneilen sollen. Er teilt uns auch mit, *warum* er das schreibt:

... dass ihr als unbefleckt und tadellos vor ihm erfunden werdet durch heiligen Wandel und Gottesfurcht.

*2. **Petrus 3,11-14** Da nun dies alles aufgelöst wird, wie sehr solltet ihr euch auszeichnen durch heiligen Wandel und Gottesfurcht, indem ihr das Kommen des Tages Gottes erwartet und ihm entgegeneilt, an welchem die Himmel sich in Glut auflösen und die Elemente vor Hitze zerschmelzen werden! Wir erwarten aber nach seiner Verheißung neue Himmel und eine neue Erde, in denen Gerechtigkeit wohnt. Darum, Geliebte, weil ihr dies erwartet, **so seid eifrig darum bemüht, dass ihr als unbefleckt und tadellos vor ihm erfunden werdet in Frieden!***

Zudem lesen wir in Vers 2: „Gedenkt an die Worte, die zuvor gesagt sind von den heiligen Propheten." Auch wenn der Apostel Petrus hier keinen Namen nennt und auch nicht direkt zitiert, ist es offensichtlich, dass er die Weissagungen meint, die wir durch die heiligen Propheten des Alten Bundes erhalten haben.

Am dritten Tag

Wenn der Apostel Petrus hier schreibt, „dass ein Tag bei dem Herrn ist wie tausend Jahre, und tausend Jahre wie ein Tag", führt uns das zu der Endzeit-Prophetie im Alten Testament, in der von „Tagen" die Rede ist:

***Hosea 6,1-3** Kommt, wir wollen wieder umkehren zum Herrn! Er hat uns zerrissen, er wird uns auch heilen; er hat uns geschlagen, er wird uns auch verbinden!*

***Nach zwei Tagen wird er uns lebendig machen,
am dritten Tag wird er uns aufrichten,
dass wir vor ihm leben.***

So lasst uns [ihn] erkennen, ja, eifrig trachten nach der Erkenntnis des Herrn! Sein Hervorgehen ist so sicher wie das Licht des Morgens, und er wird zu uns kommen wie ein Regenguss, wie ein Spätregen, der das Land benetzt!

Wenn wir die „Formel“ des Apostels Petrus auf die Weissagung von Hosea anwenden, lautet diese so:

Nach zweitausend Jahren wird er uns lebendig machen, im dritten Jahrtausend wird er uns aufrichten, dass wir vor ihm leben.

Heute haben wir das Vorrecht zu sehen, dass der erste Teil von Hoseas Prophetie sich erfüllt hat, als Israel „wiedergeboren“ (Hosea: „lebendig gemacht“) wurde; das geschah etwa 2000 Jahre nach der Auferweckung Jesu Christi; Meilensteine waren die Gründung des Staates Israel 1948 und als 1967 die Altstadt von Jerusalem, das biblische Kernland Judäa und Samaria sowie die Golanhöhen wieder in die Hände Israels gelangten.

Wie sollen wir nun das verstehen: „am dritten Tag wird er uns aufrichten“ - wie gehört das ausgelegt? Das spricht ja von einem Jahrtausend *nach* der Gründung des heutigen Staates Israel. Nun, Hosea sagte nicht: *nach* drei Tagen, sondern: *am dritten Tag*; also irgendwann im nächsten, das heißt in diesem Jahrtausend. So sollte es klar sein, dass *keiner* das Datum kennt; Gott hat uns nur einen Überblick über die Geschehnisse der Endzeit gegeben, allerdings ohne irgendwelche Einzelheiten zu nennen.

Und was genau wird jetzt in diesem neuen Jahrtausend geschehen, in das wir bereits eingetreten sind? Die Antwort kennen wir bereits aus Kapitel 2, wo wir Jesajas Nahost-Prophetie betrachtet haben und die Worte Jesu an Jerusalem:

Ihr werdet mich von jetzt an nicht mehr sehen,
bis ihr sprechen werdet:
„Gepriesen sei der, welcher kommt
im Namen des Herrn!"

... und dazu das prophetische Wort des Apostels Paulus über Israel:

Und so wird ganz Israel gerettet werden,
wenn die Vollzahl der Heiden eingegangen ist.

Das wird der „Tag" sein, von dem Hosea sagte: „Er wird uns aufrichten." Verbinden wir nun die Worte des Apostels Paulus von der Rettung ganz Israels mit der Wiederbelebung eines ganzen Volkes bei Hosea, erinnert uns das an die Worte des Johannes, die wir am Anfang dieses Kapitels gelesen haben. In Offenbarung 22,4 heißt es von denen, die bei Gott sein werden: „Sie werden sein Angesicht sehen." Damit verknüpft die Weissagung des Hosea die Wiederkunft Christi mit dem Volk Israel.

Hosea 6,1 können wir auch verstehen als Bestätigung und als Gütesiegel auf der Prophetie - dieser Vers spekuliert nicht, dass etwas unter bestimmten Voraussetzungen oder möglicherweise geschieht, sondern das ist der Schlussakt, vom Herrn fest beschlossen und verkündet:

Er *wird* uns heilen.

Er *wird* uns verbinden.

Kapitel 4

Am Feigenbaum erkennt ihr, wenn der Sommer naht

Das Zeichen des Feigenbaums
offenbart, dass
der Sommer nahe ist.

Wie bestätigte Jesus die Prophetien, dass Israel vor dem Ende dieser Weltzeit sich zum Herrn wendet?

Das Bisherige in Kürze

Dieses Buch soll dem Gläubigen Schriftkenntnis vermitteln zu der Frage des Endes dieser Weltzeit und wann die Entrückung des Leibes Christi und Jesu Wiederkunft stattfinden. Wir Nachfolger Jesu sollen uns darauf konzentrieren, das Wichtige zu tun, und uns dazu motivieren lassen. Was ist wirklich wichtig? Kurz und knapp zusammengefasst finden wir das im Missionsbefehl: das Reich Gottes auf Erden ausbreiten, an allen Orten, und in jeder Sprache, jedem Stamm, jeder Nation und jeder Volksgruppe Menschen zu Jüngern Jesu machen. Das ist der Inhalt der vorigen Kapitel.

Jünger Jesu, die sich mit der Wahrheit des Wortes Gottes gewappnet haben, lassen sich nicht mehr ablenken durch Horrorgeschichten über das Ende der Welt. Wir haben bereits gesehen, dass dieses laut der Prophetie der Bibel noch auf sich warten lässt; soweit ich es beurteilen kann, werden wir es nicht mehr erleben.

Doch das ist nur eine „Nebenwirkung"; wichtig für die Gemeinde heute ist, *warum* Jesus in unseren Tagen noch nicht wiederkommt - nämlich, weil der Missionsbefehl noch nicht vollständig ausgeführt ist. Jesus hat sein Erbe - Menschen, die erlöst sind aus *allen* Sprachen, Stämmen, Nationen und Völkern, von *überall* auf der Welt - dieses Erbe also hat Jesus noch nicht in vollem Umfang angetreten.

Folglich haben die vielen Prophetien, Theorien, Theologien und Privatmeinungen rund um eine angebliche „baldige Entrückung" keinen Schriftgrund; ich finde in der Bibel keine Begründung dafür, dass Jesus zu unseren Lebzeiten wiederkommen könnte.

Manche führen ins Feld, dass wir heute all die Zeichen sehen, die die Bibel uns als Vorzeichen der Wiederkunft Christi nennt. Aber wenn wir die letzten zweitausend Jahre betrachten - welche Generation hätte das nicht erlebt? Erdbeben, Kriege und Kriegsgeschrei, Entzweiung zwischen Brüdern (Bürgerkrieg?), Naturkatastrophen ...

All das hat es immer gegeben (nur wusste und weiß man wenig davon). Nur deshalb kann man noch lange nicht behaupten, das Ende der Weltzeit geschähe zu unseren Lebzeiten. Wir haben schon gesehen und werden es noch vertiefen - und diese Untersuchung stützt sich ausschließlich auf das Wort Gottes -, dass die Heilige Schrift die Zeit des Endes uns schildert als eine Zeit, in der der Islam den Nahen Osten nicht mehr beherrscht und Israel als ganzes Volk seinen Messias zurückruft, ihn willkommen heißt.

Jesus zu den Zeichen der Zeit

In den Worten Jesu finden wir zusätzliche Belege dazu; betrachten wir seine Endzeitrede nun unter diesem Aspekt.

> ***Matthäus 24,14*** *Und dieses Evangelium vom Reich wird in der ganzen Welt verkündigt werden, zum Zeugnis für alle Heidenvölker, und dann wird das Ende kommen.*

Matthäus 24 ist ein sehr wichtiges Puzzleteil in dem Bild, das die Bibel zum Ablauf des Endes der Zeit der *ekklesia* zeichnet, des Abschlusses von Gottes Heilszeit („Dispensation") des Neuen Testaments, die mit dieser Weltzeit ebenfalls zu Ende geht.

Zu diesem Kapitel und dem, was am Ende der Weltzeit geschieht, gibt es unterschiedliche Sichtweisen; sie darzulegen, würde den Rahmen dieses Buches sprengen. Wir wollen nur wissen, was die Bibel uns darüber lehrt, woran man erkennt, dass das Ende der Weltzeit naht (oder eben nicht). Ich greife also nur den Teil des Kapitels heraus, der uns hierüber unterrichtet.

> ***Matthäus 24,27-33*** *Denn wie der Blitz vom Osten ausfährt und bis zum Westen scheint, so wird auch die Wiederkunft des Menschensohnes sein. Denn wo das Aas ist, da sammeln sich die Geier. Bald aber nach der Drangsal jener Tage wird die Sonne verfinstert werden, und der*

Mond wird seinen Schein nicht geben, und die Sterne werden vom Himmel fallen und die Kräfte des Himmels erschüttert werden.

Und dann wird das Zeichen des Menschensohnes am Himmel erscheinen, und dann werden sich alle Geschlechter der Erde an die Brust schlagen, und sie werden den Sohn des Menschen kommen sehen auf den Wolken des Himmels mit großer Kraft und Herrlichkeit.

Und er wird seine Engel aussenden mit starkem Posaunenschall, und sie werden seine Auserwählten versammeln von den vier Windrichtungen her, von einem Ende des Himmels bis zum anderen.

Von dem Feigenbaum aber lernt das Gleichnis: Wenn sein Zweig schon saftig wird und Blätter treibt, so erkennt ihr, dass der Sommer nahe ist. Also auch ihr, wenn ihr dies alles seht, so erkennt, dass er nahe vor der Türe ist.

In den vorigen Kapiteln haben wir gesehen: Gemäß vielen Prophetien der Bibel und den Worten Jesu und der ersten Apostel wird Israel zum Abschluss der Endzeit Jesus als seinen verheißenen Messias hereinbitten.

Was der Apostel Paulus in Römer 11 geschrieben hat, bestätigt die Weissagung des Jesaja: Israel wird sich zum Herrn wenden und gerettet werden, wenn Ägypten und Syrien, der Irak und der Iran zu christlichen Ländern geworden sind und dem Staat Israel die Hand der Freundschaft reichen.

Paulus zitiert 5. Mose 32,21: Gott wird diese Länder gebrauchen, nachdem sie von fanatischen Muslimen zu Christen und von Feinden Israels zu seinen Freunden geworden sind; durch sie wird er Israel zur Eifersucht reizen. Dann ist die Vollzahl der Heiden eingegangen, und Israel, das ursprünglich das erste der Völker war, wird als letztes Volk der Welt seine Knie beugen vor Jesus Christus und ihn als seinen Messias willkommen heißen.

„Sommer" heißt Erntezeit

Genau das bekräftigt Jesus mit dem Gleichnis vom Feigenbaum, der in der Bibel für Israel steht:

> ***Matthäus 24,32*** *Von dem Feigenbaum aber lernt das Gleichnis: Wenn sein Zweig schon saftig wird und Blätter treibt, so erkennt ihr, dass der Sommer nahe ist.*

Anders ausgedrückt: Wenn die Situation im Land und Volk Israel geistlich reif ist, dass ihre Herzen umkehren und sie bereit sind, Jesus als den ihnen verheißenen Messias anzunehmen, dann ist es nur noch eine Frage von Tagen, dass sie als ganzes Volk ausrufen:

„Baruch haba beschem Adonai!"
„Gesegnet sei, der da kommt im Namen des Herrn!"

Dann ist „sein Zweig schon saftig" geworden, *dann* ist „der Sommer nahe".

Schauen wir uns das hellenische Wort für „Sommer" - ***theros*, θέρος** - näher an; das gibt uns einen Einblick in die „verborgenen" Aussagen des Neuen Testaments. Im Deutschen sind „Sommer" und „Ernte" zwei verschiedene Wörter; die Getreideernte findet im Sommer statt, aber das ist schon alles.

Doch wenn es im Neuen Testament heißt, dass „der Sommer nahe" ist, ist das gleichbedeutend mit „die Ernte ist nahe", denn das hellenische Wort für „Ernte" lautet ***therismos*, θερισμός**.

Wenn „Sommer" *theros* heißt und „Ernte" *therismos*, ist offensichtlich, dass das praktisch ein und dasselbe ist; man kann also sagen:

> *Wenn Israel nicht mehr „Hartholz" ist wie ein Feigenbaum im Winter, wo es aussieht, als wäre der Baum tot, sondern seine Zweige gefüllt sind mit neuem Leben,*

wenn sie saftig und weich und zart geworden sind, dann wisst: Die Zeit der Seelenernte ist nah!

Nur die Gläubigen, die dann am Leben sind, können mit Fug und Recht glauben, dass das Ende der Weltzeit nahe ist, dass sie selber es erleben werden. Aber selbst dann gilt noch, was Jesus hinzufügte:

> ***Matthäus 24,36*** *Um jenen Tag aber und die Stunde weiß niemand, auch die Engel im Himmel nicht, sondern allein mein Vater.*

In ***Matthäus 24,34*** sagte Jesus:

> *Wahrlich, ich sage euch:* ***Dieses Geschlecht wird nicht vergehen****, bis dies alles geschehen ist.*

Aber das hat er schon vor zweitausend Jahren gesagt. Warum ist es immer noch nicht eingetroffen?

Das untersuchen wir im nächsten Kapitel; wir ergründen auch, was die Bibel unter „Weltzeit" oder „Zeitalter" - *äon*, αιών - versteht.

Kapitel 5

Dieses Geschlecht wird nicht vergehen, bis dies alles geschehen ist

„Dieses Geschlecht wird nicht vergehen,
bis dies alles geschehen ist."

Was meinte Jesus mit „dieses Geschlecht"?

Warum haben die ersten Jünger die Erfüllung dieser Aussage *nicht* erlebt?

Was bedeutet das Wort „Weltzeit" in der Bibel?

Was hat uns das zu sagen?

Im letzten Kapitel haben wir einen Teil von Matthäus 24 betrachtet, ein für das Verständnis der Endzeit sehr wichtiges Kapitel der Bibel. Jesus nimmt hier den Feigenbaum als Gleichnis; so weit, so gut - aber was er direkt danach sagte, was sollen wir davon halten?

> ***Matthäus 24,32-36*** *Von dem Feigenbaum aber lernt das Gleichnis: Wenn sein Zweig schon saftig wird und Blätter treibt, so erkennt ihr, dass der Sommer nahe ist. Also auch ihr, wenn ihr dies alles seht, so erkennt, dass er nahe vor der Türe ist.*
>
> ***Wahrlich, ich sage euch:***
> ***Dieses Geschlecht wird nicht vergehen,***
> ***bis dies alles geschehen ist.***
>
> *Himmel und Erde werden vergehen, aber meine Worte werden nicht vergehen. Um jenen Tag aber und die Stunde weiß niemand, auch die Engel im Himmel nicht, sondern allein mein Vater.*

Das sagte Jesus vor zweitausend Jahren. Warum ist es nicht schon längst passiert?

Das haben sich schon viele gefragt: Wenn Jesus ausdrücklich von „diesem Geschlecht“ sprach - *genea*, γενεά, „Generation“ -, dann meinte er doch bestimmt die Menschen, die damals lebten; warum hat es sich bis jetzt, nach zweitausend Jahren, immer noch nicht erfüllt?

Hat er sich vielleicht geirrt? Hätte er sich vorsichtiger ausdrücken sollen?

Natürlich nicht. Wir müssen verstehen, wie die Prophetie der Bibel „funktioniert“ und wie die Wörter in der Bibel auszulegen sind.

Der größte Teil der Weissagung der Bibel fasst Geistliches in Menschenworte (vor allem auf Hebräisch und Hellenisch), also in Wörter, die unser Verstand begreifen kann. Dabei legt Gott seinen

Propheten nicht die einzelnen Wörter in den Mund; er lässt die Wahrheiten in ihren Geist fließen und fordert sie auf, sie in Menschenworte zu kleiden und zwar in der Sprache, in der sie gelernt haben, sich auszudrücken.

Ein Beispiel: Wenn der Herr heute einem Propheten, einer Prophetin etwas eingibt, das einem Automobil gleicht, dann gibt es dafür mehrere Wörter: „Auto", „Fahrzeug", „Pkw", „Kraftfahrzeug" oder „Automobil". Welches Wort sie nun gebrauchen, das müssen sie selber entscheiden; das überlässt Gott ihnen.

Ein prophetisches Wort wird der Prophet nie weitergeben in einer Sprache, die er nicht kennt; das, was er in seinem Geist empfangen hat, gibt er weiter mit Ausdrücken, die er kennt und die die Hörer verstehen.

So war „Geschlecht" (oder: Generation) das einzige Wort, das bekannt war und verstanden wurde, als Gott (durch Jesus) die großen Merkmale der Zeit nannte, die diese „Generation" erleben würde - hier bezeichnet es die Menschen auf Erden in der Zeit des Reiches der Himmel, der *ekklesia*, des Neuen Testaments, des Reiches Gottes.

Die Generation der neuen Epoche

„Diese Generation" lebte und lebt in einer neuen Epoche, in der neuen Ära, die in der geistlichen Welt angebrochen ist, in einer neuen Dimension, im Reich der Himmel. („Himmel" im weitesten Sinne umfasst sowohl „die Himmelswelt" als auch „aller Himmel Himmel"). Diesen Neubeginn, den Anfang der neuen Ära, hatte Jesus eindeutig markiert:

> ***Matthäus 11,11-15*** *Wahrlich, ich sage euch: Unter denen, die von Frauen geboren sind, ist kein Größerer aufgetreten als Johannes der Täufer; doch der Kleinste*

*im **Reich der Himmel** ist größer als er. Aber von den Tagen Johannes des Täufers an bis jetzt leidet das **Reich der Himmel** Gewalt, und die, welche Gewalt anwenden, reißen es an sich. Denn alle Propheten und das Gesetz haben geweissagt bis hin zu Johannes. Und wenn ihr es annehmen wollt: Er ist der Elia, der kommen soll. Wer Ohren hat zu hören, der höre!*

Weltzeiten in der Bibel

> ***Hebräer 11,3*** *Durch Glauben verstehen wir, dass die Welten durch Gottes Wort bereitet worden sind, sodass die Dinge, die man sieht, nicht aus Sichtbarem entstanden sind.*

„Die Welten" - das ist eine Übersetzung des hellenischen Wortes *aiones*, αιώνες, im Deutschen auch bekannt als „Äonen", je nach Bibelübersetzung als „Welt", „Zeitalter" oder „Weltzeit" wiedergegeben:

> ***Matthäus 12,32*** *Und wer ein Wort redet gegen den Sohn des Menschen, dem wird vergeben werden; wer aber gegen den Heiligen Geist redet, dem wird nicht vergeben werden, weder in dieser Weltzeit noch in der zukünftigen.*

Gott hat also nicht nur die Zeit im Allgemeinen erschaffen, sondern auch die Weltzeiten - aufeinanderfolgende Epochen innerhalb der Zeit. Jede dieser Epochen hat einen eigenen geistlichen Rahmen für das, was Gott auf der Erde in dieser bestimmten Weltzeit (*aion*, αιών -„Äon") tun will.

So wissen wir, dass es vor Sintflut eine Weltzeit gab (vielleicht auch mehrere); darüber wissen wir allerdings sehr wenig: die Menschen lebten jahrhundertelang, zehnmal länger als heute, und manche waren Nachkommen von Engeln, die sich mit Menschen eingelassen hatten.

Viel mehr wissen wir aus Gottes Sicht über die Weltzeit vor der Weltzeit, in der Mose das Gesetz gegeben wurde, also über die Zeit, in der Gott mit *Abraham* einen Bund schloss.

Es ist ja nicht ganz korrekt, dass wir die gesamte Zeit vor Jesus „Altes Testament" nennen; das Alte Testament, der Alte Bund war eine neue Weltzeit, die begann, als Gott die Israeliten aus Ägypten herausführte und dem Mose das Gesetz gab. Abraham lebte in der Weltzeit *vor* der Weltzeit des Alten Testaments.

So können wir in der Bibel mühelos mindestens drei Weltzeiten erkennen: eine Weltzeit *vor* dem Gesetz, eine Weltzeit *unter* dem Gesetz, und seit Johannes dem Täufer war laut Jesus eine neue Weltzeit angebrochen, das „Reich der Himmel".

Die Bibel zeigt uns eine weitere Weltzeit *nach* der Wiederkunft Christi (vielleicht auch mehrere); das ist alles nicht Gegenstand dieses Buches - wir versuchen zu verstehen, was Jesus über das Ende *dieser* Weltzeit sagte:

> ***Matthäus 13,39-40*** *Der Feind, der es sät, ist der Teufel; die Ernte ist das Ende der Weltzeit; die Schnitter sind die Engel. Gleichwie man nun das Unkraut sammelt und mit Feuer verbrennt, so wird es sein am Ende dieser Weltzeit.*

„Diese Generation": die *ekklesia*

Aus Gottes Sicht gibt es auf Erden eine „Generation" in der Weltzeit, die mit Johannes dem Täufer und Jesus begann; diese Weltzeit heißt „Reich der Himmel" und endet mit der Wiederkunft des Herrn. *Die Generation dieser Weltzeit,* sie ist „dieses Geschlecht".

„Generation" im geistlichen Sinn ist eng verknüpft mit den „Weltzeiten" (Äonen), den Abschnitten des Werkes Gottes auf Erden. Wenn Jesus also sagte:

**Dieses Geschlecht wird nicht vergehen,
bis dies alles geschehen ist,**

sprach er von den Zeitläuften in dieser Weltzeit und von der Menschheit, von dem Menschengeschlecht, das in dieser Weltzeit des Reiches der Himmel leben würde.

Das bedeutet: Das „**Ende der Weltzeit**", das heißt der Weltzeit „dieser Generation", oder: „das Ende der Generation dieser Weltzeit", oder: das Ende der Generation der Weltzeit des Reiches der Himmel, **erfolgt mit der Wiederkunft Christi**.

Die Bibel hat auch andere Wörter für diese „Generation der Weltzeit des Reiches der Himmel"; sie spricht von einem „auserwählten Geschlecht", das Jesus als Erbe zuteilwird, von einem „Volk des Eigentums" aus Menschen aus allen Völkern der Welt; dieses besondere Volk wird auch „königliches Priestertum" genannt:

> ***1. Petrus 2,9*** (LUT) *Ihr aber seid ein **auserwähltes Geschlecht**, ein königliches Priestertum, ein heiliges Volk, ein Volk zum Eigentum, dass ihr verkündigen sollt die Wohltaten dessen, der euch berufen hat aus der Finsternis in sein wunderbares Licht.*

Als Jesus von seiner Gemeinde, seiner *ekklesia* sprach (erstmals in Matthäus 16,18), sah er vor sich eine Einheit, die zusammengesetzt ist aus Menschen aller Völker, aller Zeiten und von überall auf der Welt - Jünger Jesu, die alle zusammen „*ein* auserwähltes Geschlecht" und „*ein* Volk" und „*ein* Priestertum" genannt werden. Genauso ist es auch zu verstehen, wenn Jesus sagt: „Diese

Generation wird nicht vergehen" - damit meint er alle Menschen aller Zeiten und überall auf der Welt, die die Weltzeit der *ekklesia* erleben sollten.

Jesus sprach von einem einzigen „Geschlecht" der *einen* „Weltzeit des Reiches der Himmel"; das ist das „Volk zum Eigentum", die königliche Priesterschaft Jesu auf Erden. Dieses Geschlecht, diese Generation gehört dem Himmel an, der Ewigkeit, wo es keine Zeit, keinen Raum und keinen Tod gibt. Das ist ihre Identität.

Jesus hat *nicht* gesagt: „Diese Generation wird nicht *sterben*, bevor alles dieses geschieht."

Er sagte: „Dieses Geschlecht *wird nicht vergehen*", und zwar deshalb, weil die Weltzeit des Reiches der Himmel noch nicht vergangen ist - auch wenn es schon zweitausend Jahre her ist, dass Jesus den Beginn dieser Generation festgelegt hat mit den Worten „von den Tagen Johannes des Täufers an".

Kapitel 6

Die Endzeit-Gesichte Daniels

Daniel erklärt den Traum

Was hat der Prophet Daniel über die Endzeit geweissagt?

Was haben seine Gesichte mit der Wiederkunft Christi zu tun?

Kann Jesus wiederkommen, bevor erfüllt ist, was Daniel gesehen hat?

Bisher haben wir ein mehr oder weniger solides Fundament gelegt, ein Schriftverständnis von der Wiederkunft des Herrn, wie es der Heilige Geist durch das geschriebene Wort Gottes lehrt.

In diesem Kapitel kommen sehr wichtige Informationen hinzu, die uns durch den Propheten Daniel gegeben wurden.

Der Traum Nebukadnezars und die Wiederkunft des Herrn

> ***Daniel 2,1-3*** *Und im zweiten Jahr der Regierung Nebukadnezars hatte Nebukadnezar Träume, sodass sein Geist sich beunruhigte und er nicht mehr schlafen konnte. Da befahl der König, man solle die Traumdeuter und die Wahrsager, die Zauberer und die Chaldäer zusammenrufen, damit sie dem König seine Träume verkündeten. So kamen sie und traten vor den König. Da sprach der König zu ihnen: Ich habe einen Traum gehabt, und mein Geist ist beunruhigt, bis ich den Traum verstehe!*

In diesem Traum offenbart Gott seine Pläne, die er für das Reich hat, das er auf Erden aufrichten will; dazu gebraucht er das Bild von einem Stein, der „wurde zu einem großen Berg und erfüllte die ganze Erde“. Dieser Stein ist das Reich Gottes, das Reich der Himmel, das Jesus ausrief „von den Tagen Johannes des Täufers an“; es würde, es *wird* wachsen:

> ***Lukas 13,18-21*** *Da sprach er: Wem ist das Reich Gottes gleich, und womit soll ich es vergleichen? Es gleicht einem Senfkorn, das ein Mensch nahm und in seinen Garten warf. Und es wuchs und wurde zu einem großen Baum, und die Vögel des Himmels nisteten in seinen Zweigen. Und wiederum sprach er: Womit soll ich das Reich Gottes vergleichen? Es gleicht einem Sauerteig,*

den eine Frau nahm und heimlich in drei Scheffel Mehl hineinmischte, bis das Ganze durchsäuert war.

Das reiht sich lückenlos ein in die Weissagungen in ***Jesaja 11,9*** und ***Habakuk 2,14***, die wir in Kapitel 2 betrachtet haben: Die Erde wird erfüllt sein von der Erkenntnis des HERRN.

Daniel 2,25-45 *Darauf führte Arioch den Daniel rasch vor den König und sprach zu ihm: Ich habe unter den Weggeführten von Juda einen Mann gefunden, der dem König die Deutung verkünden will! Der König antwortete und sprach zu Daniel, dessen Name Beltsazar war: Bist du imstande, mir den Traum, den ich gehabt habe, und seine Deutung mitzuteilen?*

Daniel antwortete vor dem König und sprach: Das Geheimnis, nach dem der König fragt, können Weise, Wahrsager, Traumdeuter oder Zeichendeuter dem König nicht verkünden; aber es gibt einen Gott im Himmel, der Geheimnisse offenbart; der hat den König Nebukadnezar wissen lassen, was am Ende der Tage geschehen soll.

Mit deinem Traum und den Gesichten deines Hauptes auf deinem Lager verhielt es sich so: Dir, o König, stiegen auf deinem Lager Gedanken darüber auf, was nach diesem geschehen werde, und da hat dir der, welcher die Geheimnisse offenbart, mitgeteilt, was geschehen wird. Mir aber ist dieses Geheimnis nicht durch eine Weisheit, die ich vor allen Lebenden voraushätte, geoffenbart worden, sondern damit dem König die Deutung bekannt gemacht werde und du erfährst, was dein Herz zu wissen wünscht.

Du, o König, schautest, und siehe, ein erhabenes Standbild. Dieses Bild war gewaltig und sein Glanz außergewöhnlich; es stand vor dir, und sein Anblick war furchterregend. Das Haupt dieses Bildes war aus gediegenem

Gold, seine Brust und seine Arme aus Silber, sein Bauch und seine Lenden aus Erz, seine Oberschenkel aus Eisen, seine Füße teils aus Eisen und teils aus Ton.

Du sahst zu, ***bis sich ein Stein losriss ohne Zutun von Menschenhänden und das Bild an seinen Füßen traf, die aus Eisen und Ton waren, und sie zermalmte****.*

Da wurden Eisen, Ton, Erz, Silber und Gold miteinander zermalmt; und sie wurden wie Spreu auf den Sommertennen, und der Wind verwehte sie, sodass keine Spur mehr von ihnen zu finden war. ***Der Stein aber, der das Bild zertrümmert hatte, wurde zu einem großen Berg und erfüllte die ganze Erde****.*

Das ist der Traum; nun wollen wir vor dem König auch seine Deutung verkünden: Du, o König, bist ein König der Könige, dem der Gott des Himmels das Königtum, die Macht, die Stärke und die Ehre gegeben hat; und überall, wo Menschenkinder wohnen, Tiere des Feldes und Vögel des Himmels, hat er sie in deine Hand gegeben und dich zum Herrscher über sie alle gemacht; du bist das Haupt aus Gold!

Nach dir aber wird ein anderes Reich aufkommen, geringer als du; und ein nachfolgendes drittes Königreich, das eherne, wird über die ganze Erde herrschen. Und ein viertes Königreich wird sein, so stark wie Eisen; ebenso wie Eisen alles zermalmt und zertrümmert, und wie Eisen alles zerschmettert, so wird es auch jene alle zermalmen und zerschmettern.

Dass du aber die Füße und Zehen teils aus Töpferton und teils aus Eisen bestehend gesehen hast, bedeutet, dass das Königreich gespalten sein wird; aber es wird etwas von der Festigkeit des Eisens in ihm bleiben, gerade so, wie du das Eisen mit lehmigem Ton vermengt gesehen hast. Und wie die Zehen seiner Füße teils aus Eisen und teils aus Ton waren, so wird auch das Reich zum Teil stark und zum Teil zerbrechlich sein. Dass du aber Eisen mit Tonerde vermengt gesehen hast, bedeutet, dass sie sich zwar mit Menschensamen vermischen, aber doch nicht aneinander haften werden, wie sich ja Eisen mit Ton nicht vermischt.

Aber in den Tagen jener Könige wird der Gott des Himmels ein Königreich aufrichten, das in Ewigkeit nicht untergehen wird; und sein Reich wird keinem anderen Volk überlassen werden; es wird alle jene Königreiche zermalmen und ihnen ein Ende machen; es selbst aber wird in Ewigkeit bestehen;

ganz so, wie du gesehen hast, dass sich von dem Berg ein Stein ohne Zutun von Menschenhänden losriss und das Eisen, das Erz, den Ton, das Silber und das Gold zermalmte. Der große Gott hat den König wissen lassen, was nach diesem geschehen soll. Und der Traum ist zuverlässig, und seine Deutung steht fest!

Man hat verschiedentlich versucht, die vier Königreiche der Weissagung Daniels in die Weltgeschichte hineinzudeuten; ich meine aber, eine solche Auslegung geht vorbei an dem, was der Heilige Geist mit dieser Prophetie bewirken will.

Wer ist dieser Stein?

Eine Analyse, welche vier Reiche in der Weltgeschichte diese Prophetie wohl meinen könnte, mag ein Thema sein für eine theologische Studie, aber das würde in keinem Gläubigen dem Reich Gottes Vorschub leisten. Bedeutsam ist hier zweierlei:

1) Seit Jahrtausenden werden Regionen und Völker von geistlichen Mächten beherrscht; das mag sich heute anders auswirken als früher, aber es sind immer noch dieselben geistlichen Mächte, die die Kraft hinter den Mächtigen sind. Die geistliche Macht über Persien (Iran) zum Beispiel ist dieselbe, die schon immer dieses Land beherrscht hat; das Gleiche gilt für Ägypten, für Syrien usw.

2) Der Stein ist ziemlich eindeutig derselbe Stein, von dem Jesus sprach:

> ***Lukas 20,17-18*** *Er aber blickte sie an und sprach: Was bedeutet denn das, was geschrieben steht: „Der Stein, den die Bauleute verworfen haben, der ist zum Eckstein geworden?" Jeder, der auf diesen Stein fällt, wird zerschmettert werden; auf wen er aber fällt, den wird er zermalmen!*

Jesus erklärte hier vor den Schriftgelehrten und Ältesten und obersten Priestern, dass diese Daniel-Prophetie von ihm spricht: **Dieser Stein**, der die Reiche dieser Welt zermalmen wird, **ist Jesus selber**.

Die englische King-James-Übersetzung malt das drastisch aus; dort heißt es: *it will grind him to powder*:

Auf wen er aber fällt,
den wird er zu Pulver
zerreiben!

Gilt das auch für den Islam?
Pulverisiert dieser Stein (also Jesus)
auch das heutige „Reich" des Islams,
das die Weltherrschaft anstrebt?

Die Erfüllung dieser Weissagung bei Daniel begann vor zweitausend Jahren, als Jesus kam und das Nahen des Reiches Gottes verkündete.

Der Stein aber, der das Bild zertrümmert hatte, wurde zu einem großen Berg und erfüllte die ganze Erde.

Das heißt:

Das Reich Gottes wird weiterwachsen,
bis es die ganze Erde erfüllt hat!

Und Jesus kommt erst wieder,
wenn sein Reich die ganze Welt ausfüllt!

Genau das haben wir gesehen in den bisherigen fünf Kapiteln dieses Buches anhand vieler Schriftstellen und aus verschiedenen Perspektiven. Die vier Reiche finden wir in Daniel 7 wieder; dort zeigt der Herr uns Näheres über das vierte Reich – es gehört eindeutig in die Zeit des Neuen Testaments.

Das „Reich dieser Welt"

Der „Stein" steht gegen das „Reich dieser Welt" und zwar so lange, bis er es ganz zertrümmert hat. Allerdings werden wir gleich sehen, dass hier von einem ganz bestimmten „Reich" die Rede ist:

> ***Daniel 7,15-27*** *Ich, Daniel, wurde deshalb in meinem Geist zutiefst beunruhigt, und die Gesichte meines Hauptes ängstigten mich. Ich näherte mich einem der*

Umstehenden und erbat von ihm sichere Auskunft über das alles. Der redete mit mir und verkündete mir die Bedeutung der Dinge:

„Jene großen Tiere, vier an der Zahl, bedeuten, dass vier Könige sich aus der Erde erheben werden; aber die Heiligen des Allerhöchsten werden die Königsherrschaft empfangen, und sie werden die Königsherrschaft bis in Ewigkeit behalten, ja, bis in alle Ewigkeit!"

Hierauf wünschte ich sichere Auskunft über das vierte Tier, das sich von allen anderen unterschied, das so furchterregend war und eiserne Zähne und eherne Klauen hatte, das fraß und zermalmte und das Übrige mit seinen Füßen zertrat;

auch über die zehn Hörner auf seinem Kopf und über das andere Horn, das emporstieg und vor dem drei ausfielen; nämlich jenes Horn, welches Augen hatte und ein Maul, das große Dinge redete, und das so viel größer aussah als seine Gefährten.

Ich schaute, wie dieses Horn Krieg führte mit den Heiligen und sie überwand, bis der Hochbetagte kam und den Heiligen des Allerhöchsten das Gericht übergab und die Zeit eintrat, dass die Heiligen das Reich in Besitz nahmen.

Er sprach: „Das vierte Tier bedeutet ein viertes Reich, das auf Erden sein wird; das wird sich von allen anderen Königreichen unterscheiden, und es wird die ganze Erde fressen, zerstampfen und zermalmen. Und die zehn Hörner bedeuten, dass aus jenem Reich zehn Könige aufstehen werden; und ein anderer wird nach ihnen aufkommen, der wird verschieden sein von seinen Vorgängern und wird drei Könige erniedrigen.

Und er wird [freche] Reden gegen den Höchsten führen und die Heiligen des Allerhöchsten aufreiben, und er wird danach trachten, Zeiten und Gesetz zu ändern; und sie werden in seine Gewalt gegeben für eine Zeit, zwei Zeiten und eine halbe Zeit. Aber das Gericht wird sich setzen und ihm die Herrschaft wegnehmen, um sie endgültig zu vertilgen und zu vernichten. Aber das Königreich, die Herrschaft und die Macht über die Königreiche unter dem ganzen Himmel wird dem Volk der Heiligen des Allerhöchsten gegeben werden; sein Reich ist ein ewiges Reich, und alle Mächte werden ihm dienen und gehorchen!"

Das vierte Reich umfassend darzulegen, würde den Rahmen sprengen; deshalb nur kurz einige Gedanken. In einem späteren Gesicht bekam Daniel weitere Informationen zu diesem vierten Reich; mehr dazu im nächsten Kapitel.

Die Weltgeschichte „vor Christus" offenbart, was sich „nach Christus" erfüllen soll

Alle vier Tiere sind Reiche *vor* der Zeit Jesu, aber alle vier stehen auch für Ereignisse *nach* seiner Geburt; deshalb hat Gott uns darüber informiert.

Für unsere Studie ist das vierte Tier interessant; Daniel sagt in der Deutung von Nebukadnezars Traum, dass es für das vierte Reich steht:

> ***Daniel 2,40*** *Und ein viertes Königreich wird sein, so stark wie Eisen; ebenso wie Eisen alles zermalmt und zertrümmert, und wie Eisen alles zerschmettert, so wird es auch jene alle zermalmen und zerschmettern.*

Dasselbe lesen wir in ***Daniel 7,19***:

> *Hierauf wünschte ich sichere Auskunft über das vierte Tier, das sich von allen anderen unterschied, das so*

furchterregend war und eiserne Zähne und eherne Klauen hatte, das fraß und zermalmte und das Übrige mit seinen Füßen zertrat.

In der Zeit vor Christi Geburt gab es keine zwei großen Weltreiche gleichzeitig; es kam eines nach dem anderen. Doch nun, in der Weltzeit des Neuen Bundes, agieren die geistlichen Mächte („Tiere" - eigenständige Staaten) gleichzeitig, also parallel. Machtkampf und Konfrontation, Gegeneinander und das Ringen um Vorherrschaft sind Kennzeichen der Finsternis; das war schon immer so und das ist es noch heute - eine Frucht des Stolzes und der Arroganz.

Um Wesen und Erscheinungsform des vierten Tieres (Reiches) in unserer Zeit zu erkennen, betrachten wir im nächsten Kapitel die Vision Daniels von dem Widder und dem Ziegenbock. Der Herr zeigt uns in der Schrift, dass der Islam vor dem Ende dieser Weltzeit tatsächlich besiegt wird und schon vor der Wiederkunft Christi keine Weltmacht mehr ist.

Kapitel 7

Daniels Gesicht von dem Widder und dem Ziegenbock

Daniels Gesicht von dem Widder
und dem Ziegenbock

Wer sind die „Könige von Medien und Persien" und der „König von Griechenland" heute?

Was passiert, wenn der „Ziegenbock" schließlich den „Widder" besiegt?

Warum brauchen wir die Gesichte Daniels, um die Endzeit zu verstehen?

Bisher haben wir die Endzeitlehre der Bibel nachgezeichnet; die Hauptaussage ist klar und einfach: Bevor unser Herr wiederkommt, müssen bestimmte Dinge geschehen.

Solange diese Weissagungen der Bibel nicht eingetroffen, nicht erfüllt sind, kommt Jesus nicht wieder. Es gibt also keinen Grund zu glauben, die Entrückung der Gemeinde und die Wiederkunft Christi stünden nahe bevor und wir würden sie wahrscheinlich erleben.

Im Gegenteil: Es gibt noch viel zu tun. Wir sind berufen, das Reich Gottes zu verkünden und auf der Erde aufzurichten und auszubreiten - mit Taten, in der Lehre und dadurch, dass wir Zeugen Jesu Christi sind. Zunächst tun wir das in unserem eigenen Leben, dann in der Familie, am Arbeitsplatz, im Geschäft, in der Gemeinde, am Wohnort, im Land. Wir können uns nicht leisten, unsere Zeit zu verschwenden mit Geschichten rund um die Entrückung; die erfolgt sowieso erst, wenn das Werk vollendet, das Reich Gottes auf Erden aufgerichtet ist.

Das Gesicht in Daniel 8 zeigt uns, was vor dem Ende dieser Weltzeit unbedingt geschehen muss. Es offenbart geistliche Quelle und künftiges Ergebnis der großen Konfrontation von Ost und West; „Ost" steht hier vor allem für den Islam in all seinen Ausprägungen, „West" für Humanismus, Demokratie, Freiheit und Menschenrechte.

Der Widder und der Ziegenbock

Das ist ein riesiges, fast unüberschaubares Thema; wir achten auf die einfache Botschaft, die der Herr uns hier mitteilen will.

In diesem Endzeitgesicht in Daniel 7 kämpfen „Widder" und „Ziegenbock" gegeneinander. Der Widder kommt von Osten und „stößt nach Westen, Norden und Süden" (die islamische „Theokratie" und Gesellschaftsordnung); der Ziegenbock kommt von Westen und breitet sich aus „über die ganze Erde“ (die westliche Gesellschaftsordnung auf der Grundlage von Humanismus, Demokratie und Freiheit).

„Ost“ und „West“ scheiden sich am „herrlichen [Land]“, an Israel.

Bevor wir das Gesicht nachlesen, erinnern wir uns an das bisher Gesagte: Die Weltgeschichte „vor Christus“ offenbart, was sich „nach Christus“ erfüllen soll. Das bedeutet: Die Weissagung Daniels hat sich erfüllt durch die Weltreiche vor der Geburt Christi, und in unserem Zeitalter seit Christi Geburt erfüllt sie sich nochmals, nun auf geistlicher Ebene.

Die geistlichen Mächte hinter der Weltgeschichte wirken in unserer Zeit, der Zeit des Neuen Testaments, immer noch; die alten Weissagungen erfüllen sich nun auf eine neue Weise.

> ***Daniel 8,3-12.20*** *Und ich hob meine Augen auf und schaute; und siehe, da stand vor dem Fluss ein Widder, der hatte zwei Hörner, und beide Hörner waren hoch; aber das eine war höher als das andere, und das höhere war zuletzt emporgewachsen.*
>
> ***Ich sah, wie der Widder gegen Westen, Norden und Süden stieß; und kein Tier konnte vor ihm bestehen, und niemand konnte aus seiner Gewalt erretten, sondern er tat, was er wollte, und wurde groß.***
>
> *Während ich nun achtgab, siehe,* ***da kam ein Ziegenbock von Westen her über die ganze Erde****, ohne den Erdboden zu berühren; der Bock aber hatte ein ansehnliches Horn zwischen seinen Augen.*
>
> *Und er kam zu dem Widder, der zwei Hörner hatte, den ich vor dem Fluss hatte stehen sehen, und lief wütend mit seiner ganzen Kraft gegen ihn an. Und ich sah, wie er nahe an den* ***Widder herankam und sich erbittert auf ihn warf und den Widder schlug und ihm seine beiden Hörner zerbrach; und da der Widder nicht***

stark genug war, um ihm standzuhalten, warf er ihn zu Boden und zertrat ihn; und niemand rettete den Widder aus seiner Gewalt.

Der Ziegenbock aber wurde über die Maßen groß; als er aber am stärksten war, zerbrach das große Horn, und es wuchsen an dessen Stelle vier ansehnliche Hörner auf, nach den vier Himmelsrichtungen hin.

Und aus einem von ihnen wuchs ein kleines Horn hervor, das tat außerordentlich groß gegen den Süden und gegen den Osten und gegen das herrliche [Land]. Und es wagte sich bis an das Heer des Himmels heran und warf von dem Heer und von den Sternen etliche auf die Erde und zertrat sie.

Ja, bis zum Fürsten des Heeres erhob es sich, und es nahm ihm das beständige [Opfer] weg, und seine heilige Wohnung wurde verwüstet. Und das Heer wurde dahingegeben samt dem beständigen [Opfer] wegen des Frevels, und [das Horn] warf die Wahrheit zu Boden, und sein Unternehmen gelang ihm. [...]

Der Widder mit den beiden Hörnern, den du gesehen hast, das sind die Könige der Meder und Perser.

Der Widder aus dem Osten, der nach Westen stößt, ist nur *ein* Tier, steht aber für zwei Könige. Die beiden Hauptrichtungen des Islams, Sunna und Schia, sind miteinander unvereinbar und bekämpfen sich unentwegt.

Merken wir uns aus Vers 7: **Der Ziegenbock warf sich auf den Widder und zerbrach ihm seine beiden Hörner**. Das zeigt: Sunna und Schia werden zertrampelt von dem Ziegenbock, der **„über die ganze Erde“** kommt (V. 5).

Daniel 8,21-22: ***Der zottige Ziegenbock aber ist der König von Griechenland;*** *und das große Horn zwischen seinen beiden Augen, das ist der erste König. Dass es aber zerbrach und an seiner Stelle vier andere aufgekommen sind, bedeutet, dass aus diesem Volk vier Königreiche entstehen werden, doch nicht mit der Macht, die jener hatte.*

Dieser „erste König" des hellenischen Reiches war Alexander der Große (Hellas - hebr. *jawan*, „Griechenland"); nach seinem Tod zerbrach sein Weltreich in vier kleinere Reiche unter der Herrschaft seiner vier Generäle. Alexander hatte Medien und Persien besiegt.

In zwölf Jahren Eroberungszug verlor Alexander keine einzige Schlacht, nicht einmal gegen die viel mächtigeren Perser - eigentlich ein Ding der Unmöglichkeit. Dieselbe geistliche Macht, die ihn dazu befähigte, befeuert jetzt den Westen, die „Reiche" in dieser Weltregion zu überwinden (also die Hochburgen des Islams).

Unser Gott gebraucht den Westen, um das Evangelium vom Reich Gottes auszubreiten.

Daniel 8,23-25 *Aber am Ende ihrer Regierung, wenn die Frevler das Maß vollgemacht haben, wird ein frecher und listiger König auftreten. Und seine Macht wird stark sein, aber nicht in eigener Kraft; und er wird ein erstaunliches Verderben anrichten, und sein Unternehmen wird ihm gelingen; und er wird Starke verderben und das Volk der Heiligen. Und wegen seiner Klugheit und weil ihm der Betrug in seiner Hand gelingt, wird er sich in seinem Herzen erheben und viele in ihrer Sorglosigkeit verderben; und er wird gegen den Fürsten der Fürsten auftreten, aber ohne Zutun von Menschenhand zerschmettert werden.*

Die Zeit, in der der Islam in Asien und den arabischen Ländern seine Macht verloren haben wird, lassen wir hier außer Acht; das ist nicht Thema dieses Buches. Merken wir uns nur eine wichtige Aussage über den Ziegenbock: *Seine Macht wird stark sein, aber nicht in eigener Kraft* (V. 24). Alexanders Macht hatte eine geistliche Quelle; mehr dazu später.

Der „Ziegenbock" in Daniel 8 war Alexander der Große

Dass Alexander der Große die historische Erfüllung des Ziegenbocks in Daniel 8 war, zeigen auch diese Münzen – sie bilden ihn ab mit den zwei Hörnern des Ziegenbocks an den Schläfen.

Historische Tatsache ist auch, dass er *stark* war, *aber nicht in eigener Kraft*: In den zwölf Jahren der Eroberung Ägyptens und des Ostens war er immer siegreich, er besiegte sogar Darius III., den persischen „König der Könige".

Der Humanismus – Diener des Reiches Gottes?

Diese Weissagung Daniels hat sich also in der Weltgeschichte erfüllt. Was aber hat sie mit unserer Zeit zu tun, was sagt sie über die Zukunft der Welt, und was bedeutet das alles für das Reich Gottes, das in aller Welt gepredigt und aufgerichtet wird?

Hier mein Versuch einer einfachen Erklärung:

In Ländern, die antichristlich-„theokratisch" beherrscht sind, darf das Evangelium vom Reich Gottes nicht verkündigt werden. Die Ausbreitung des Reiches Gottes wird behindert durch schwere Verfolgung.

(In der Tat ist genau das der Zweck des Islams; er verkörpert die alten Mächte der „Könige von Medien und Persien" in neuem Gewand. Keine Frage: Durch den Islam will Satan dem Reich Gottes einen Riegel vorschieben und ein Volk um sich scharen, das dem Tod dient.)

Zwar stellt sich der Humanismus gegen christliche Werte; seine gute Seite aber ist, dass Demokratie und Menschenrechte auch Religionsfreiheit gewähren; man riskiert also nicht das Leben, wenn man das Evangelium predigt (wie es im Islam der Fall ist). Auch wenn der Ziegenbock symbolisch für eine Abteilung der Dämonen steht: Gott gebraucht seine Macht, um das Evangelium auszubreiten.

Alexander der Große: Wegbereiter für das Evangelium

Nun war Alexander nicht gerade ein „Gottesknecht", aber doch diente er dem Reich Gottes: Er machte in seinem Reich Hellenisch zur Verkehrssprache und bahnte so den Weg, dass die Völker im Römerreich sich in einer gemeinsamen Sprache verständigen konnten, und in dieser Sprache, auf Hellenisch, wurde Jahrhunderte später das Neue Testament geschrieben und verbreitet.

Dies war tatsächlich Gottes Wille; Gott hatte Hellenisch dazu bestimmt, der Welt das Evangelium kundzutun. Das wird bestätigt durch die Tatsache, dass die Römer das Hellenische nicht etwa abschafften, sondern es neben Latein zur Amtssprache erhoben.

Eine zusätzliche Bestätigung, dass Gott diesen Herrscher gebrauchte, ist die Septuaginta, die Übersetzung des Alten Testaments ins Griechische ab dem 3. Jh. v. Chr.; mehr zu Alexanders Vermächtnis am Schluss dieses Kapitels.

Bis heute ist Hellenisch die Sprache der Republik Hellas (Griechenlands) – wenngleich mit einigen Veränderungen; Latein dagegen ist heute eine tote Sprache, obwohl das mächtige Römische Reich über tausend Jahre lang bestand! Hellenisch aber wird bis heute im Alltag gesprochen, und viele lernen diese Sprache, um die Bibel besser erforschen und lehren zu können; auch ist der griechische Wortlaut des Neuen Testaments Standard und Grundlage für Argumente und Debatten in der Christenheit.

Über 51 000 hellenische Wörter kennt man heute in den romanischen Sprachen wie Französisch und Spanisch; viele davon haben es auch ins Englische und Deutsche geschafft. Das alles verdanken wir den Eroberungen Alexanders – und letztlich dem Plan und Willen Gottes, Hellenisch zur Verkehrssprache zu machen und zum Vehikel für das Evangelium, ähnlich wie Gott heute Englisch gebraucht. (Mit dem Spanischen und Englischen war es ähnlich: Durch Eroberungen und Weltreiche hat Gott sie zu den wichtigsten Sprachen des Westens gemacht.)

Auch das Römerreich war nicht gerade ein eifriger Gottesdiener, und doch: Roms Straßen und sein Staatsapparat reichten weit und beseitigten Barbarei und Stammesfehden, und das erleichterte die Ausbreitung des Evangeliums ungemein. Als die Zeit erfüllt war und das Evangelium überall verkündet werden sollte, gab es eine gemeinsame Sprache (im Osten Hellenisch, im Westen Latein), es herrschte Frieden, und man konnte reisen.

Aristoteles, der Ziegenbock und der Dreiklang des Hellenismus

Alexander wurde von Aristoteles eingeführt in das hellenistisch-philosophische Denken des alten Athen, und sein großes Ziel war die „Hellenisierung der Barbaren", ihnen also Hellenisch beizubringen samt der hellenischen Denkweise, Kultur und Lebensart. Dieser Dreiklang ist der wichtigste Träger von Humanismus und Demokratie, die den Wert der Einzelperson betonen.

Die Gesellschaft im Westen, ihre Lebensart sowie die Demokratie beruhen auf der Weltsicht Platons und des alten Athen, nachzulesen in Platons Werk „Der Staat". Die Grundlagen des Römischen Reiches - nun gelten sie in der Europäischen Union, seinem heutigen „Erben"; am Anfang stand vor Jahrtausenden Alexander, er trug sie von Athen in die Welt hinaus.

Auf das alexandrinische folgte das Römische Reich; dieses währte lange und wurde noch größer als das des Alexander.

Gott gebrauchte sowohl Alexander als auch das Römerreich und jedes folgende; sie alle waren im Grunde das Werk desselben Geistes, der hinter jenem „ersten König“ (V. 22) Alexander stand - und damit können wir sagen: Der Ziegenbock steht für „den Westen“, den „Erben“ Alexanders. Er war den Plänen Gottes dienlich, durch die Jahrtausende hindurch; deshalb ist er bis heute unbesiegt und breitet sich weiter aus und wird die ganze Welt einnehmen.

Fazit: Der „Ziegenbock“ und die Wiederkunft Christi

Wie steht nun der Ziegenbock „Hellas“ zum Christentum, zur Bibel, zum Evangelium vom Reich Gottes, zum Heil durch Jesus Christus? Und was hat das mit dem Ende dieser Weltzeit zu tun und mit der Wiederkunft Christi?

Das angemessen darzulegen, würde ein eigenes Buch füllen; hier soll eine einfache Antwort genügen:

Daniel zeigt genau das, was wir schon bei Jesaja
und dann bei dem Apostel Paulus gesehen haben:

In der Zeit, in der die Wiederkunft Christi nahe ist, wird der Islam keine beherrschende Macht mehr sein.

Der Widder ist der Islam,
(eine NT-Version des Geistes des alten Babels)

der Ziegenbock ist der Westen.
(Humanismus, Demokratie, Freiheit)

Seit zweieinhalb Jahrtausenden haben die Werte des Westens sich weiterentwickelt und ausgebreitet, Humanismus und Demokratie und die Philosophie des alten Athen, und das Gesicht Daniels zeigt uns, dass der Humanismus und die Werte der Demokratie die östlichen, islamischen Gesellschaftsordnungen verdrängen werden.

Der Islam zerbricht unter dem wachsenden Einfluss der Werte des Westens - und das Evangelium vom Reich Gottes breitet sich aus und gedeiht in dem Klima von Religionsfreiheit und Toleranz.

Wie Gott Alexander den Großen, den „ersten König", gebrauchte, so bediente er sich die Jahrtausende hindurch des Klimas, das Humanismus, Demokratie und Freiheit in Gesellschaft und Politik hervorbringen, um der Verkündigung des Evangeliums den Weg zu bereiten - und das wird er weiterhin tun.

Kurz gefasst, sagt uns die Vision vom Widder und dem Ziegenbock: Jesus kommt erst wieder, wenn der Islam (Widder) vom Westen (Ziegenbock) besiegt und zertreten ist (V. 7).

Dann, unter dem Vorzeichen der Werte von Demokratie, Freiheit und Menschenrechten, wird das Christentum erstarken und sich ausbreiten in den Ländern, die jetzt unter der Herrschaft des Islams sind, bis Israel schließlich seinen Messias willkommen heißt (siehe Kapitel 2 und 4).

Der Humanismus – Eine Klarstellung

In unserer Zeit kennt man den Humanismus als gottfeindliche und atheistische Weltsicht; oft steht er aggressiv gegen die Gemeinde Jesu, bekämpft christliche Werte und jede Art von „Gottesglauben". Insofern ist der Humanismus ein Feind des Evangeliums.

Die andere Seite der Medaille: Die Weltsicht des Humanismus lässt jeden das glauben, was er will. In einer solchen Freiheit kann die Gemeinde dem wahren Gott dienen und das Evangelium vom Reich Gottes kann sich ausbreiten.

Gottes Auftrag an Alexander

Flavius Josephus, Historiker im 1. Jahrhundert, berichtet in seinen „Jüdischen Altertümern“ (11,317-345), dass Gott dem Alexander in einer Vision erschien in der Amtstracht des Hohenpriesters der Juden; er teilte Alexander mit, dass er ihn befähige, das Perserreich zu erobern. Ähnliches berichtet auch der Talmud.

Laut Josephus äußerte Alexander, er habe in jeder Schlacht eine solche Erscheinung gesehen, die die Truppen der Hellenen zum Sieg führte. Aus Dankbarkeit und weil er vor der geistlichen Macht der Juden so hohen Respekt hatte, war er ein milder und großzügiger Herrscher. In den Sabbatjahren (in denen das mosaische Gesetz jegliche Feldarbeit verbot) erließ er den Juden die Steuern, und im Tempel zu Jerusalem ließ er auf eigene Kosten Gott Tieropfer darbringen.

Als er gegen Jerusalem marschierte, ging der Hohepriester Jaddua vor die Stadt hinaus, Alexander entgegen. Die Tore standen weit offen, als wären keine Feinde weit und breit. Alexander berichtete seinem General Parmenion:

„Diesen Hohepriester habe ich in demselben Gewande schon im Traume gesehen, als ich zu Dios in Macedonien mich befand. Und da ich schon überlegte, wie ich Asien unterjochen könne, riet dieser mir, nicht zu zögern, sondern wacker überzusetzen. Er selbst werde meinem Heere voranschreiten und mir die Herrschaft über die Perser verschaffen. Weil ich nun noch keinen anderen Menschen in einem solchen Gewande gesehen habe, erinnerte ich mich bei seinem Anblick sogleich des Traumes und seiner Verkündigung, und ich glaube jetzt, dass ich meinen Kriegszug auf Gottes Geheiss unternehme, dass ich den Darius überwinden, die Macht der Perser vernichten und alle meine Absichten verwirklichen werde.“

Josephus weiter: „Nach dieser an Parmenion gerichteten Antwort reichte er dem Hohepriester die Hand und begab sich in Begleitung der Priester zur Stadt, stieg zum Tempel hinauf, opferte Gott nach des Hohepriesters Anweisung und erwies diesem wie den Priestern die höchsten Ehrenbezeugungen. [...] Am folgenden Tage aber rief er sie wieder zusammen und hiess sie Geschenke begehren, so viele sie wollten." (*Des Flavius Josephus Jüdische Altertümer, übersetzt von Dr. Heinrich Clementz,* II. Band, Halle 1899; Buch XI, S. 54-55.)

Gott erschien dem Alexander also in Gestalt des Hohenpriesters Israels, in derselben Amtstracht, die er dem Mose gezeigt hatte. Alexander ehrte den Gott Israels und das Gesetz, das Gott Israel gegeben hatte; daraufhin verlieh Gott ihm übernatürliche Macht, und in allen Schlachten siegte Alexander, auch wenn der Feind ihm weit überlegen war.

Genauso, wie Gott Darius III., den „König der Könige", in die Hand Alexanders gab, so wird er auch die „Reiche" des Islams an die Macht ausliefern, die im alten Athen ihren Anfang nahm und sich seit zweieinhalb Jahrtausenden auf Erden ausbreitet.

Woher hat Alexander seine Hörner?

Die Hauptstadt Mazedoniens stieg zur Zeit Alexanders des Großen zur Hauptstadt aller hellenischen Städte auf; sie hieß „Aigai". Aiga aber bedeutet bis heute „Ziege"; daher also hat Alexander seine Hörner und den Übernamen „Ziegenbock".

Als Daniel sein Gesicht aufschrieb, etwa 300 Jahre vor Alexanders Geburt, konnte er das nicht wissen. Alles, was Gott vorherwusste und vorherbestimmt hatte, ist im Altertum geschehen; und es wird sich wiederholen, bevor Jesus wiederkommt!

Kapitel 8

Das Evangelium vom Reich Gottes als Zeugnis in aller Welt

Das Evangelium vom Reich wird
in der ganzen Welt verkündigt werden:
Christus, der König der Könige, auf dem Thron.

Was meinte Jesus mit „Zeugnis"?
Das, was ein Prediger von sich gibt?

Oder vielleicht

die **Anwesenheit** eines **heiligen Volkes**
unter den Völkern der Welt?

In ***Matthäus 24,14*** sagt Jesus, das Evangelium vom Reich Gottes würde zu allen Völkern der Welt gelangen; in der Regel wird dieser Vers so übersetzt:

Und dieses Evangelium vom Reich
wird in der ganzen Welt verkündigt werden,
zum Zeugnis für alle Heidenvölker,
und dann wird das Ende kommen.

Hier das hellenische Original, wie es uns in Handschriften überliefert ist:

καὶ κηρυχθήσεται τοῦτο τὸ εὐαγγέλιον τῆς βασιλείας
ἐν ὅλῃ τῇ οἰκουμένῃ εἰς μαρτύριον πᾶσιν τοῖς ἔθνεσιν,
καὶ τότε ἥξει τὸ τέλος

Die üblichen Übersetzungen machen daraus **zwei Aussagen**:
1) Es wird verkündigt in der ganzen Welt, *und*:
2) Es wird ein Zeugnis sein für alle Völker.

Bei genauer Betrachtung macht der Urtext aber nur **eine einzige Aussage**:

Das, was verkündigt wird,
nämlich das Evangelium vom Reich,
das wird zum Zeugnis, und zwar in allen Völkern.

Hier eine genauere Übersetzung von ***Matthäus 24,14*** (GM):

Und [was] verkündigt wird[, ist]
das Evangelium vom Reich in der ganzen Welt
zum Zeugnis in allen Völkern*,*
und dann wird das Ende kommen (wtl. „eintreffen").

Oder so (GM):

> ***Und dieses Evangelium des Reiches***
> ***wird so verkündigt,***
> *dass es zum **Zeugnis** wird*
> *(d.h. zum Zeichen, dass Jesus da ist)*
> ***überall und unter allen Völkern der Welt …***

Warum diese Korrektur?

Die meisten Christen meinen, das Ende komme, wenn die Information des Evangeliums allen Völkern kundgetan worden sei; das könne auch durch Radio und Fernsehen geschehen und damit habe bereits jedes Volk Zugang zum Zeugnis des Evangeliums; deshalb, so folgern sie, könne das Ende jederzeit eintreffen.

Doch nichts bestätigt diese Schlussfolgerung, weder Jesu eigene Worte noch der Rest der Schrift, im Ganzen gesehen; sie bringt nur falsche Lehre hervor und unnütze Fantasien und Vorstellungen rund um das Thema der Wiederkunft Christi und des Endes der Welt, wir kennen das ja.

Was auch immer Jesus in Matthäus 24,14 wirklich gesagt hat, muss zum Rest der Bibel passen (siehe die ersten sieben Kapitel dieses Buches). Lesen wir es einmal so:

Das Evangelium vom Reich Gottes
wird in allen Völkern der Welt
zur Realität „mit Hand und Fuß":
man kann es sehen, mit Händen greifen.

Diese Fleischwerdung, diese „manifeste" Wirklichkeit, sie ist dieses Zeugnis, sie ist der Zeuge. Ein Zeuge ist jemand, der selber dabei war; er hat ein Zeugnis abzulegen von dem, was er gesehen und gehört hat.

Für unseren Vers bedeutet das: Zeugen Jesu sind Menschen, die Jesus erlebt haben und nun selber Träger seiner Gegenwart sind – und wenn das Ende kommt, gibt es solche Leute *in jedem Volk der Welt und überall*; zunächst gab es sie in Jerusalem, dann aber findet man sie überall bis an die Enden der Erde, ohne irgendwelche „weißen Flecken" dazwischen.

In jedem Stamm, jeder Sprache, jedem Volk und jedem Land, auf der ganzen Welt gibt es dann Jünger Jesu, die seine Zeugen sind und zugleich lebendiges Zeugnis von ihm – an denen man sehen kann, wer er ist.

Was war Jesu letztes Wort an seine Jünger, direkt bevor er in den Himmel auffuhr? Wenn man ***Apostelgeschichte 1,8*** (GM) sorgfältig und genau betrachtet, sagte er:

> ***Ihr werdet Kraft empfangen*** *(dadurch,*
> *dass)* ***der Heilige Geist auf euch gekommen ist****,*
> *und (die Auswirkung wird sein:)*
> ***Ihr werdet zur Manifestation meiner Gegenwart***
> *(d.h. durch euch werde ich wirken,*
> *bekomme ich Hand und Fuß)*
> *in Jerusalem und in ganz Judäa und Samaria*
> *und bis in den hintersten Winkel der Welt.*

Jesus sagte: „Ihr werdet meine Zeugen *sein.*" Was bedeutet das? Viel mehr als nur, dass sie *von ihm* Zeugnis ablegen, etwas über ihn verlauten lassen.

Jesus sagte: „Ihr werdet meine Zeugen *sein* in Jerusalem, in Judäa und Samaria und bis an die Enden der Erde", und das heißt:

Ihr werdet an meiner Stelle dort sein.
Wer euch sieht, sieht mich in euch.

Ist das schriftgemäß, wird das vom Rest der Bibel bestätigt? Ja!

In Apostelgeschichte 4 lesen wir, dass die Apostel Petrus und Johannes in Jerusalem vor die Leiterschaft, vor die Ältesten und Schriftgelehrten gestellt wurden, und die fragten sie, in welcher Macht oder in wessen Namen sie dieses Wunder vollbracht, den Gelähmten geheilt hatten (der war von Geburt an lahm gewesen). Petrus antwortete: „Durch den Namen Jesu Christi, des Nazareners …" (V. 10).

Kurz darauf lesen wir, dass die Leiter diesen Worten nicht wirklich zuhörten; etwas in den beiden Aposteln Petrus und Johannes fesselte ihre Aufmerksamkeit:

> ***Apostelgeschichte 4,13*** *Als sie aber die **Freimütigkeit** von Petrus **und Johannes sahen** und erfuhren, dass sie ungelehrte Leute und Laien seien, verwunderten sie sich; und **sie erkannten, dass sie mit Jesus gewesen waren**.*

Dabei sagte Johannes kein Wort! Und doch sahen die Leiter, die Ältesten und Schriftgelehrten, dass in den beiden etwas Gestalt angenommen hatte: *Sie sahen einen Zeugen, ein Zeugnis auf zwei Beinen!* Der Apostel Johannes schwieg, und doch erkannten sie Jesus in ihm.

Die Kühnheit, die sie bei Jesus gesehen hatten, zeigte sich sowohl bei Petrus, der das Wort führte, als auch bei Johannes, der seinen Mund nicht aufmachte. In den Augen ihrer Gegner zeugte diese Kühnheit von jemand anderem: In den beiden war Jesus! Das finden wir auch in Jesu Aussendungsrede; hier erklärte er seinen Jüngern, wie sie ein Zeugnis, seine Zeugen *sein* würden:

> ***Matthäus 10,18-20*** *Auch vor Fürsten und Könige wird man euch führen um meinetwillen, **ihnen und den Heiden zum Zeugnis**. Wenn sie euch aber ausliefern, so sorgt euch nicht darum, wie oder was ihr reden sollt; denn es wird euch in jener Stunde gegeben werden, was ihr reden sollt. Denn nicht ihr seid es, die reden, sondern der Geist eures Vaters ist's, der durch euch redet.*

Was nun ist dieses Zeugnis, dieser Zeuge (hellenisch *martyrion*, μαρτύριον)?

Das: Im richtigen Moment wird durch die Jünger *eine andere Person wirken, sich manifestieren, durch sie sprechen.*

Genau das meint der Apostel Paulus, wenn er schreibt, dass der Geist des Herrn durch die Gläubigen wirkt:

> ***1. Korinther 12,7-8*** *Jedem wird aber* ***das offensichtliche Wirken*** *(phanerosis, φανέρωσις - engl. manifestation) des Geistes zum [allgemeinen] Nutzen verliehen. Dem einen nämlich wird durch den Geist ein Wort der Weisheit gegeben, einem anderen aber ein Wort der Erkenntnis gemäß demselben Geist.*

> ***1. Korinther 14,24-25*** *Wenn aber alle weissagten, und es käme ein Ungläubiger oder Unkundiger herein, so würde er von allen überführt, von allen erforscht; und so würde das Verborgene seines Herzens offenbar, und so würde er auf sein Angesicht fallen und Gott anbeten und bekennen,* ***dass Gott wahrhaftig in euch ist****.*

**Zeugen Jesu sind wir nicht,
weil wir eine Information von uns geben,
sondern wenn Jesus durch uns wirkt,
weil er durch uns spricht.**

Dieses Kapitel ist keine Lehre über den Heiligen Geist oder darüber, wie man Zeuge Jesu sein kann; vielmehr soll es uns helfen zu verstehen, *was Jesus sagt* über das Evangelium vom Reich Gottes, *wie* es verkündigt wird und vor allem: *bis wann* es verkündigt wird, und *wann das Ende kommt.*

Jesus sagte, das Ende komme, wenn

- ▶ das Werk, das in Jerusalem seinen Anfang nahm, als dem Leib Christi der Heilige Geist gegeben wurde – wenn dieses Werk *abgeschlossen ist*. Abgeschlossen wird es sein, wenn die Zeugen Jesu

- ▶ nicht einfach *für* Jesus Zeugnis ablegen, sondern Zeugen Jesu ***sind***;

- ▶ wenn sie nicht nur Prediger sind, die *über* Jesus predigen, sondern Menschen, die mit ihrem ganzen Leben Zeugen Jesu ***sind***,

- ▶ wenn sie also nicht nur „Nachrichtensprecher" sind oder eine neue Religion angenommen haben, sondern …

- ▶ wenn die Zeugen Jesu als Familie leben und zusammenkommen, um sich auszutauschen, gemeinsam zu beten und den Leib und das Blut Jesu zu sich zu nehmen – untereinander sind sie Glieder eines Leibes und eine lebendige Fleischwerdung des Christus,

- ▶ und wenn es überall auf der Erde solche Jünger Jesu gibt, in jedem Stamm, in jeder Sprache, in jedem Volk und in jedem Land, von Jerusalem bis in den hintersten Winkel der Welt und bis an die Enden der Erde,

dann wird das Ende kommen!

**Das Ende kommt erst,
wenn das Werk ausgerichtet ist,
das Jesus seinem Leib auf Erden aufgetragen hat!**

Gott ist treu, er hält Wort, und was er sich vorgenommen hat, das wird ausgeführt! Amen!

Das auserwählte Geschlecht

Was also ist dieses Zeugnis in Matthäus 24,14? Sind es die Worte von Predigern?

Oder besteht es darin, dass mitten unter den Völkern der Welt *ein heiliges Volk lebt*?

Der Apostel Petrus nennt den Leib Christi das königliche Priestertum des Königs Jesus, des Christus Gottes, des großen Hohenpriesters (1. Petrus 2,9; Hebräer 10,21).

Er bezeichnet den Leib Christi auf Erden ein „auserwähltes Geschlecht" (wie eine Familie), ein „heiliges Volk", ein „Volk des Eigentums", und er sagt auch, *wozu* wir da sind:

1. Petrus 2,9 (LUT) ***... dass ihr verkündigen sollt die Wohltaten dessen, der euch berufen hat aus der Finsternis in sein wunderbares Licht.***

Durch das Blut Jesu hat Gott sich aus allen Völkern der Welt ein „heiliges Volk" erkauft, und zwar zu einem ganz bestimmten Zweck: damit wir seine Wohltaten verkünden, wo immer wir sind. Dieses „heilige Volk" besteht aus Menschen in aller Welt, in jeder Sprache, jedem Stamm, jedem Volk und jedem Land.

***Das* macht uns zu Zeugen Jesu!**

***Diesen* Auftrag müssen wir ausführen!**

Gott will sein Volk nicht aus der Welt herausreißen; er will ein heiliges Volk, das *in* der Welt verkündet, wer er ist und wie gut er ist, ein Volk von Zeugen seiner Güte und Liebe, an dem die Welt sehen und erleben kann, was für ein Gott er ist.

Gott will nicht einfach Leute, die darüber reden, wie gut er ist, sondern Jünger, die den Geboten Jesu gehorchen. So werden sie zu Außenstellen, zu Schaufenstern, zu Tankstellen, zur Manifestation der Wohltaten Gottes. Jesus hat es so ausgedrückt:

> ***Matthäus 28,19-20*** *So geht nun hin und (oder: Unterwegs, Im Hingehen) macht zu Jüngern alle Völker, und tauft sie auf den Namen des Vaters und des Sohnes und des Heiligen Geistes und **lehrt sie alles halten** (gehorchen, beachten, ausüben), was ich euch befohlen habe. Und siehe, ich bin bei euch alle Tage bis an das Ende der Weltzeit! Amen.*

Die Wohltaten Gottes werden nicht von der Kanzel verkündet, sondern dadurch, dass das Leben der Jünger Jesu sich verändert hat: Sie leben nicht mehr in Hass und Neid und Konkurrenzkampf; als in Christus neugeschaffene Menschen zeigen sie im Alltag, dass sie Kinder Gottes, also aus seinem Holz geschnitzt sind.

> ***Matthäus 5,13-16 Ihr seid das Salz der Erde***. *Wenn aber das Salz fade wird, womit soll es wieder salzig gemacht werden? Es taugt zu nichts mehr, als dass es hinausgeworfen und von den Leuten zertreten wird.*
>
> ***Ihr seid das Licht der Welt***. *Es kann eine Stadt, die auf einem Berg liegt, nicht verborgen bleiben.*
>
> *Man zündet auch nicht ein Licht an und setzt es unter den Scheffel, sondern auf den Leuchter; so leuchtet es allen, die im Haus sind. **So soll euer Licht leuchten vor den Leuten**, dass sie **eure guten Werke sehen und euren Vater im Himmel preisen**.*

Gott hat sich nicht auf Erden ein heiliges Volk erworben, um es aus der Welt zu reißen und die Welt der Finsternis zu überlassen, sondern **um auf der Erde eine königliche Priesterschaft zu haben, die in dieser Welt wie ein Katalysator wirkt, wie das Salz in der Suppe, wie ein Licht in der Nacht**.

Das ist das Evangelium vom Reich Gottes: Gottes Reich wirkt jetzt auf Erden durch Gottes Eigentumsvolk, das er von dieser Welt erkauft hat. Dieses Zeugnis Jesu soll sichtbar werden an jedem Ort, in jeder Sprache, jedem Stamm, jedem Volk und jedem Land, von Jerusalem bis an die Enden der Erde.

Kapitel 9

König Davids Prophetie zum Ende dieser Weltzeit

König David hat geweissagt,
wann das Ende dieser Weltzeit kommt.

Die vielleicht wichtigste Prophetie
über Anfang, Fortgang, Zweck und Ende des
Zeitalters des Evangeliums vom Reich Gottes
stammt von David,
und sie ist gerade mal
zwei Verse lang!

Am Anfang dieses Buches habe ich geschrieben:

„Wann genau Jesus wiederkommt, das weiß keiner; aber gemäß dem, was Jesus gesagt hat sowie der Apostel Paulus und König David samt den Propheten Maleachi, Daniel und Hosea, kommt er nicht so bald zurück, sehr wahrscheinlich nicht zu unseren Lebzeiten; denn viele wichtige Prophetien der Bibel sind noch nicht erfüllt und das, was Gott durch das Evangelium vom Reich Gottes bewirken will, ist noch nicht ausgeführt."

In acht Kapiteln haben wir nun gesehen, was diese Propheten dazu zu sagen haben, nur einer fehlt noch: König David. Was zeigt er uns über das Ende dieses Zeitalters?

Was geschah nach der Auferstehung Jesu?

Nach der Auferstehung Jesu von den Toten wurde die Weltgeschichte verändert. Wahrscheinlich am wichtigsten war, dass er (noch am selben Tag) die gefallene Menschheit in ihren ursprünglichen Zustand zurückversetzte, indem er seinen Jüngern neues Leben einhauchte: „Empfangt Heiligen Geist!" (Johannes 20,22).

Was dabei geschah, nennen wir „von Neuem geboren werden", „aus dem Geist geboren werden" oder „von oben geboren werden" – Kurzform: „Wiedergeburt"; Jesus sprach davon in Johannes 3,3.

Das war ein Paukenschlag! Aber die Bibel lenkt unser Augenmerk auf etwas ganz anderes; sie spricht kaum von der Wiedergeburt der Jünger, aber umso mehr von Gottes Ruf an sie, das Evangelium vom Reich Gottes an die Enden der Erde zu tragen dadurch, dass sie in allen Völkern der Welt Menschen zu Jüngern Jesu machen.

Dazu brauchten sie Kraft aus der Höhe, damit sie die Macht dieser Welt überwinden konnten. Diese Kraft empfingen sie durch …

Feuer vom Himmel

Das fiel am Pfingsttag; da wurde die Verheißung erfüllt, die Jesus ihnen zehn Tage zuvor gegeben hatte:

> ***Apostelgeschichte 1,4-5.8*** *(HFA) Verlasst Jerusalem nicht! Bleibt so lange hier, bis in Erfüllung gegangen ist, was euch der Vater durch mich versprochen hat. Denn Johannes hat mit Wasser getauft; ihr aber werdet mit dem Heiligen Geist getauft werden, und das schon bald. [...]* ***Ihr werdet Kraft empfangen****, wenn der Heilige Geist auf euch gekommen ist, und* ***ihr werdet meine Zeugen sein*** *in Jerusalem und in ganz Judäa und Samaria und bis an das Ende der Erde.*

Als das Feuer des Heiligen Geistes vom Himmel auf die Jünger Jesu fiel, wurde ein neues Kapitel aufgeschlagen. Was Jesus durch sein Leiden und Sterben erkämpft hatte, begann sich jetzt zu erfüllen - zunächst in Jerusalem, dann in der Umgebung und in aller Welt, wie Jesus es gesagt hatte.

Und nochmals: Die Ausbreitung des Evangeliums vom Reich der Himmel geht weiter, bis alles erfüllt ist, was geschrieben steht, bis es in jedem Volk der Welt Jünger Jesu gibt, die seine Zeugen sind - jeder für sich und alle gemeinsam als Körperschaft.

Der Apostel Petrus am ersten Pfingstfest

Es war ein äußerst bedeutsamer Tag, dieser Tag, an dem das Feuer Gottes vom Himmel kam und die Jünger befähigte, das Werk des Evangeliums zu tun. Der Apostel Petrus erklärte der Menge in Jerusalem, was da vor sich ging.

Dazu zitierte er den Propheten Joel, der diesen Tag geweissagt hatte; anschließend verkündete er Jesus von Nazareth als gekreuzigt, gestorben und durch die Macht Gottes vom Tode auferweckt; und danach sprach er von einem Propheten, der Jesu Tod und Auferstehung angekündigt hatte, seine Auffahrt in den Himmel – und das Ende!

Apostelgeschichte 2,25-36 *David nämlich sagt von ihm: „Ich sah den Herrn allezeit vor mir, denn er ist zu meiner Rechten, dass ich nicht wanke. Darum freute sich mein Herz, und meine Zunge frohlockte; zudem wird auch mein Fleisch auf Hoffnung ruhen; denn du wirst meine Seele nicht dem Totenreich preisgeben und nicht zulassen, dass dein Heiliger die Verwesung sieht. Du hast mir die Wege des Lebens gezeigt; du wirst mich mit Freude erfüllen vor deinem Angesicht!"*

Ihr Männer und Brüder, es sei mir erlaubt, freimütig zu euch zu reden von dem Stammvater David: Er ist gestorben und begraben, und sein Grab ist unter uns bis zu diesem Tag. Da er nun ein Prophet war und wusste, dass Gott ihm mit einem Eid verheißen hatte, dass er aus der Frucht seiner Lenden, dem Fleisch nach, den Christus erwecken werde, damit er auf seinem Thron sitze, hat er vorausschauend von der Auferstehung des Christus geredet, dass seine Seele nicht dem Totenreich preisgegeben worden ist und auch sein Fleisch die Verwesung nicht gesehen hat.

Diesen Jesus hat Gott auferweckt; dafür sind wir alle Zeugen. Nachdem er nun zur Rechten Gottes erhöht worden ist und die Verheißung des Heiligen Geistes empfangen hat von dem Vater, hat er dies ausgegossen, was ihr jetzt seht und hört. Denn nicht David ist in den Himmel aufgefahren, sondern er sagt selbst:

„Der Herr sprach zu meinem Herrn: Setze dich zu meiner Rechten, bis ich deine Feinde hinlege als Schemel für deine Füße."

So soll nun das ganze Haus Israel mit Gewissheit erkennen, dass Gott Ihn sowohl zum Herrn als auch zum Christus gemacht hat, eben diesen Jesus, den ihr gekreuzigt habt!

Anfang, Fortgang und Abschluss in einem Atemzug

Der Anfang:
Setze dich zu meiner Rechten …

Der Abschluss:
… bis ich deine Feinde hinlege als Schemel für deine Füße.

Hier zitierte der Apostel Petrus Psalm 110. Auch Jesus hatte ihn zitiert, genau dieselben Worte:

> ***Matthäus 22,41-46*** *Als nun die Pharisäer versammelt waren, fragte sie Jesus und sprach: Was denkt ihr von dem Christus? Wessen Sohn ist er? Sie sagten zu ihm: Davids. Er spricht zu ihnen: Wieso nennt ihn denn David im Geist „Herr", indem er spricht:*
>
> *„Der Herr hat zu meinem Herrn gesagt:* ***Setze dich zu meiner Rechten, bis ich deine Feinde hinlege als Schemel für deine Füße****"? Wenn also David ihn Herr nennt, wie kann er dann sein Sohn sein? Und niemand konnte ihm ein Wort erwidern. Auch getraute sich von jenem Tag an niemand mehr, ihn zu fragen.*

Dasselbe Zitat findet sich auch in ***Markus 12,36*** und ***Lukas 20,42*** sowie im Hebräerbrief:

> ***Hebräer 1,8-13*** *Aber von dem Sohn [sagt er]: „Dein Thron, o Gott, währt von Ewigkeit zu Ewigkeit. Das Zepter deines Reiches ist ein Zepter des Rechts. Du hast*

Gerechtigkeit geliebt und Gesetzlosigkeit gehasst; darum hat dich, o Gott, dein Gott gesalbt mit Freudenöl, mehr als deine Gefährten!" Und: „Du, o Herr, hast im Anfang die Erde gegründet, und die Himmel sind das Werk deiner Hände. Sie werden vergehen, du aber bleibst; sie alle werden veralten wie ein Kleid, und wie einen Mantel wirst du sie zusammenrollen, und sie sollen ausgewechselt werden. Du aber bleibst derselbe, und deine Jahre nehmen kein Ende." Zu welchem von den Engeln hat er denn jemals gesagt:

„Setze dich zu meiner Rechten, bis ich deine Feinde hinlege als Schemel für deine Füße"?

Weiter hinten im Hebräerbrief heißt es:

Hebräer 10,11-14 *Und jeder Priester steht da und verrichtet täglich den Gottesdienst und bringt oftmals dieselben Opfer dar, die doch niemals Sünden hinwegnehmen können; Er aber hat sich, nachdem er ein einziges Opfer für die Sünden dargebracht hat, das für immer gilt, zur Rechten Gottes gesetzt,*

und er wartet hinfort, bis seine Feinde als Schemel für seine Füße hingelegt werden.

Denn mit einem einzigen Opfer hat er die für immer vollendet, welche geheiligt werden.

Der Anfang:
... hat sich ... zur Rechten Gottes gesetzt ...

Der Fortgang:
... und er wartet hinfort ...

Der Abschluss:
... bis seine Feinde als Schemel für seine Füße hingelegt werden.

Durch seinen Tod am Kreuz hat Jesus ein Opfer dargebracht für alle Sünden, dann stieg er zum Himmel auf. Jetzt sitzt er zur Rechten Gottes und wartet auf den Abschluss, der kommen soll. Wann kommt dieser Abschluss, wann kommt das Ende dieser Weltzeit?

**Wenn seine Feinde
zu seinem Schemel gemacht worden sind!**

Der Apostel Paulus erklärt es uns so:

> ***1. Korinther 15,20-27.50-54*** *Nun aber ist Christus aus den Toten auferweckt; er ist der Erstling der Entschlafenen geworden. Denn weil der Tod durch einen Menschen kam, so kommt auch die Auferstehung der Toten durch einen Menschen; denn gleichwie in Adam alle sterben, so werden auch in Christus alle lebendig gemacht werden. Ein jeder aber in seiner Ordnung: Als Erstling Christus; danach die, welche Christus angehören, bei seiner Wiederkunft; danach das Ende, wenn er das Reich Gott, dem Vater, übergeben wird, wenn er jede Herrschaft, Gewalt und Macht beseitigt hat.*
>
> ***Denn er muss herrschen,***
> ***bis er alle Feinde unter seine Füße gelegt hat.***
> *Als letzter Feind wird der Tod beseitigt.*
> ***Denn „alles hat er seinen Füßen unterworfen"***.
>
> *[...] Das aber sage ich, Brüder, dass Fleisch und Blut das Reich Gottes nicht erben können; auch erbt das Verwesliche nicht die Unverweslichkeit. Siehe, ich sage euch ein Geheimnis: Wir werden zwar nicht alle entschlafen, wir werden aber alle verwandelt werden, plötzlich, in einem Augenblick, zur Zeit der letzten Posaune; denn die Posaune wird erschallen, und die Toten werden auferweckt werden unverweslich, und wir werden verwandelt werden. Denn dieses Verwesliche muss Unverweslichkeit*

anziehen, und dieses Sterbliche muss Unsterblichkeit anziehen.

Wenn aber dieses Verwesliche Unverweslichkeit anziehen und dieses Sterbliche Unsterblichkeit anziehen wird, dann wird das Wort erfüllt werden, das geschrieben steht:

„Der Tod ist verschlungen in Sieg!
Tod, wo ist dein Stachel?
Totenreich, wo ist dein Sieg?"

Diese wichtige Prophetie wird im Neuen Testament **sieben Mal** zitiert; erstmals ausgesprochen wurde sie von David, Petrus hat ihn einen Propheten Gottes genannt. Wenn wir Vers 25 und 27 als zwei Zitate zählen, wird Psalm 110 im Neuen Testament sogar **acht Mal** zitiert. Diese Weissagung ist äußerst bedeutsam!

Psalm 110,1-2 *Der HERR sprach zu meinem Herrn:*
Setze dich zu meiner Rechten, bis ich deine Feinde hinlege als Schemel für deine Füße!
Der HERR wird das Zepter deiner Macht ausstrecken von Zion: Herrsche inmitten deiner Feinde!

Das Ende kommt, wenn auf der Erde das Werk des Evangeliums vom Reich Gottes vollendet ist. Dann sind alle Feinde Jesu zu seinem Schemel gemacht.

Bis es so weit ist, sitzt Jesus da, und er wartet. Gott hat das Feuer des Heiligen Geistes gesendet, um uns, seine *ekklesia* auf Erden, stark zu machen, damit wir

► herrschen inmitten der Feinde Jesu.

Das „Zepter der Macht Jesu aus Zion" ist die Kraft des Heiligen Geistes, die am Wirken ist in der und durch die *ekklesia* auf Erden. Gott hat uns gegeben

► die Autorität in und durch Jesus

und

► die Kraft des Heiligen Geistes,

um Jesu Feinde zu seinem Schemel zu machen. Dies geschieht, wenn wir auf der Erde das Evangelium vom Reich Gottes ausbreiten und in aller Welt aus allen Völkern Menschen zu Jüngern Jesu machen.

Wenn das erledigt ist, kommt Jesus auf die Erde zurück und die Toten stehen auf. Damit wird auch der Tod, der letzte Feind, Jesus zu Füßen gelegt.

Das ist dann das Ende dieses jetzigen Zeitalters des Evangeliums vom Reich Gottes.

Kurzbiografie und Lebenszeugnis des Autors

Im Jahre 1959 auf Kreta geboren, südlich von Hellas (Griechenland), hier habe ich meine Kindheit und Jugend verbracht. Mit 19 ging ich zum Studium nach Athen und England, leistete meinen Wehrdienst und arbeitete 14 Jahre lang bei einem amerikanisch-internationalen Unternehmen, davon 7 Jahre als hochrangige Führungskraft. 1993–1995 baute ich als Leiter für Vertrieb und Marketing einen Standort in Bulgarien auf; in den elf größten Städten des Landes eröffnete ich Warenlager und deckte so das ganze Land ab.

Nun zu meinem geistlichen Leben: Anfang dreißig hatte ich eindrückliche Erlebnisse mit der unsichtbaren Welt; so wurde mir die Himmelswelt sehr bewusst. Mein Leben verändert hat die Begegnung mit einem Engel, der mir in meiner Wohnung begegnete; mir wurde klar, dass mein Glaube, den ich schon als Kind gehabt hatte, mehr war als nur Religion und christliche Tradition, sondern etwas viel, viel Größeres, und dass er die natürliche Begrenzung meines Lebens überschritt.

Erlebnisse und Erfahrungen, Träume und die dadurch angestoßene Suche nach der Wahrheit brachten mich schließlich dazu, in der Bibel nach Antworten zu suchen. Schon als Teenager hatte ich angefangen, sie zu lesen, aber kaum etwas verstanden; und auch jetzt verstand ich immer noch nicht viel von dem, was ich las.

Im Juni 1993 erlebte ich etwas mit Gott, und das veränderte mein Leben von Grund auf. Ich las gerade das Matthäusevangelium und beschwerte mich bei Gott, dass mein eigenes Leben in unserer Zeit so weit weg war von dem, was jene Fischer in Galiläa erlebten. Ich war ganz allein in meiner Wohnung, aber ich hörte eine Stimme:

„George, das alles ist für dich geschrieben."

Von diesem Augenblick an war die Bibel nicht mehr nur irgendein Buch; sie wurde für mich zum lebendigen Gotteswort. Nun war die Bibel das Sprachrohr, durch das ich mit meinem himmlischen Vater kommunizieren konnte – als hätte sich durch sie ein Fenster geöffnet, das mir eine Verbindung zu Gott, meinem Vater ermöglichte, ja, zu meinem Freund. Mit meinen natürlichen Augen konnte ich ihn nicht sehen, aber durch die Bibel antwortete er auf meine Fragen, und ich konnte ihn hören, wenn er zu mir sprach.

Als ich dann nach Bulgarien ging, um dort die Tochtergesellschaft meines Arbeitgebers aufzubauen, besuchte ich sonntags den Gottesdienst der amerikanischen Gemeinde am Ort (Southern Baptists, „International Church of Sofia"). Das war die erste nicht-orthodoxe Kirche, die ich besuchte, und erst viel später sah ich darin die Hand des Herrn: Er bereitete mich darauf vor, zu predigen und die Bibel zu lehren, und zwar auf Englisch; auch die Bibel las ich nun in dieser Sprache.

Nach meiner Rückkehr nach Athen brachte der Herr mich durch sein übernatürliches Eingreifen zu einer Pfingstgemeinde; nun lernte ich die hellenischen (griechischen) wiedergeborenen Gläubigen kennen und die Gaben des Heiligen Geistes. Zwei Jahre später, wieder dank Gottes übernatürlichem Eingreifen, brachte der Herr mich zu einer amerikanischen Gemeinde in Athen (die „International Christian Fellowship" der Assemblies of God); dort begann er, mich in Leiterschaft auszubilden. Ich besuchte die Abendkurse der Gemeinde-Bibelschule und diente als Dolmetscher.

In dieser Zeit, in der Gott mich auf den geistlichen Dienst vorbereitete, predigte ich zum ersten Mal auf der Kanzel einer Pfingstgemeinde nach dem Vorbild der Apostel. Das war am Sonntag, dem 1. Juni 1997 - und schon beim allerersten Mal bestätigte der Herr meinen Dienst mit Erweisungen seiner Kraft, mit Zeichen und Wundern und Wirkungen des Heiligen Geistes.

Am Sonntag, dem 8. Februar 1998, diente ich an einer internationalen Versammlung in einem großen Hotel in Malta. Die Teilnehmer kamen aus ganz Europa und den USA; Initiator war ein hellenischer Missionar in Malta, Pastor Pavlos Polyrakis (er ist jetzt beim Herrn), mit Unterstützung des amerikanischen Bischofs und einer Gruppe maltesischer Gemeinden. Dort sah ich den Herrn wirken wie nie zuvor. Er war da und seine Kraft wirkte auf viele Weise - Menschen wurden berührt, geheilt und so weiter.

Nach diesem Gottesdienst wurde mir klar, dass in mir Gaben schlummerten, deren ich mir bis dahin nicht bewusst geworden war, und der Herr sagte zu mir:

„Jetzt beginnt dein Dienst."

Damals verstand ich nicht, was der Herr damit meinte; ich war im oberen Management eines internationalen amerikanischen Unternehmens und verdiente bestens. Ich verspürte weder Ehrgeiz noch Wunsch, noch hatte ich irgendwelche Pläne, in den geistlichen Dienst zu gehen (noch dazu mit kaum Aussicht auf ein Gehalt ...). Natürlich behielt ich dieses Wort für mich; ich bewegte es in meinem Herzen und wartete.

Gut zwei Jahre später, am 29. Mai 2000, hieß der Herr mich zurücktreten von meiner Position als erfolgreicher Manager; ich sollte nicht mehr in der Wirtschaft arbeiten, sondern vollzeitlich dem Evangelium vom Reich Gottes dienen. Am nächsten Tag sagte ich es meinem Vorgesetzten und wir begannen, für das Ende des Geschäftsjahres meinen Ausstieg zu planen - bis dahin war es noch ein ganzer Monat.

Am 1. Juli 2000 zog ich mich offiziell aus der Wirtschaft zurück und wurde ein Diener des Evangeliums in Vollzeit; ich verkündete und lehrte die Wahrheit der Bibel auch im Ausland, wie der Herr gesagt hatte: **„Ich sende dich, um das Evangelium zu verkünden in vielen Gemeinden, in vielen Ländern und bis an die Enden der Erde."** In den letzten zwanzig Jahren hat sich das hundertfach erfüllt. Inzwischen habe ich auf 5 Kontinenten gepredigt, in über 40 Ländern.

Irgendwann verstand ich auch, was der Herr gemeint hatte, als er mir sagte: „Jetzt beginnt dein Dienst": Er gab mir den Dienst eines Apostels in den Nationen.

Ich bat Gott, mir seinen Auftrag an mich eingehender zu erklären und mir zu helfen, mein Apostolat zu verstehen, und er antwortete:

„Wo immer ich dich hinsende:
Sprich Wahrheit, lehre Glauben, fördere Gebet,
ermutige mein Volk."

So entstand der Dienst, den der Herr mir zugeteilt hat.

Durch das Forschen in der Schrift stieß ich auf Prophetien und Zukunftsszenarien, über die - soweit mir bekannt - keiner lehrte.

Die meisten Lehren über die Endzeit, die ich hörte, zeigten mir: Entweder hatten diese Prediger die Bibel nicht verstanden, oder sie wussten einfach nicht, was die Bibel über Eschatologie (Lehre von den letzten Dingen) zu sagen hat.

Einige Freunde bat ich um Erklärung, was genau sie da predigten, und auf welche Schriftstellen sie ihre Sicht von der Endzeit gründeten – und zu meiner Überraschung wurde mir klar, dass sie nur wiederholten, was sie von anderen gehört hatten, es aber selber nicht wirklich aus der Schrift begründen konnten.

Zum Beispiel habe ich mehrere Predigerkollegen gefragt: „Was in der Schrift zeigt, dass eine einzige Person irgendwann so viel Macht auf sich vereint, dass sie die ganze Welt beherrschen kann und zum ‚Antichrist' wird? Wie kommen Sie darauf, diesen Politiker ‚Antichrist' zu nennen, wo dieses Wort in der Bibel nur vier Mal vorkommt und zwar ausschließlich im 1. Johannesbrief? Keine dieser Stellen spricht von Politik und Weltgeschichte, und keine davon hat mit einer Zahl zu tun; Johannes spricht vom *Geist* des Antichrists, der im Leib Christi sein Unwesen treibt."

Keiner meiner Freunde, die predigen, ein Antichrist würde irgendwann einmal die Welt beherrschen, konnte seine Behauptung aus der Schrift begründen, bis heute nicht; aber sie predigen das weiterhin. Das verstehe, wer will. Deshalb wollte ich jahrelang nicht über die Endzeit predigen, noch nicht einmal mich mit anderen darüber austauschen; meine Sicht beruht ausschließlich auf der Schrift und steht im Widerspruch zu dem, was die meisten über die Endzeit glauben und lehren.

Eines Tages sprach der Herr zu mir und sagte unmissverständlich:

„Schreibe über die Weissagung bei Hosea."

Ein paar Jahre dachte ich, ich sollte darüber ein Buch schreiben, aber irgendwie machte es in meinem Geist nicht „Klick", also wartete ich ab.

Schließlich war die Zeit gekommen, in meiner wöchentlichen E-Mail-Serie eine Reihe von Artikeln zu schreiben zum Thema dieses Buches, und ich bekam Klarheit. So fanden die „drei Tage“ des Hosea ihren Platz in diesem Bibelstudium über die Endzeit (mehr dazu in Verbindung mit den „tausend Jahre wie ein Tag“ im 2. Petrusbrief: siehe Kapitel 3 dieses Buches).

Die Anweisung des Herrn für die wöchentlichen Artikel

Über die Jahre haben viele mich ermutigt, Bücher zu schreiben, und ich habe immer erwidert, dass ich auf des Herrn genaue Anweisung warte und auf die richtige Zeit. Im Mai 2015, ich war gerade in Stockholm, sprach der Herr zu mir und gab mir den Auftrag, jede Woche einen Lehr-Artikel zu schreiben.

So entstand die wöchentliche „e-Message from George E. Markakis“ in Englisch und Hellenisch, und ich spüre, dass der Herr will, dass diese neun Wochenartikel über das Ende der Weltzeit und die Wiederkunft Christi zum ersten Buch werden, das ich veröffentliche.

Aller Ruhm, alle Ehre, alles Lob

gebührt Jesus Christus, dem Herrn!

Anmerkungen

1 Nach Johannes 3,13–14 und Apostelgeschichte 1,9–11; Epheser 1,20 und Hebräer 8,1; 1.Timotheus 6,15 und Offenbarung 19,16; Hebräer 3,1; Offenbarung 1,18; Matthäus 28,18; Johannes 8,12; Apostelgeschichte 3,15; Jesaja 30,18; Offenbarung 19,11.

2 „Prophetie“ und „Weissagung“ sind Synonyme (hellenischen und deutschen Ursprungs); in diesem Buch werden beide gleichberechtigt gebraucht, keines stellt irgendeine Wertung dar.

3 *ekklesia*, εκκλησία – in deutschen Bibeln meist mit „Gemeinde“ oder „Kirche“ wiedergegeben.

4 So wörtlich (hellenisch *tachy*, ταχύ); Schlachter: „bald“.

Von den Konferenzen »bewegen17« bis »bewegen19« sind sehr gute Impulse ausgegangen, die Segen für unser Land bewirken. Auf der Website sehen Sie eine kompakte Zusammenfassung und alle Aufzeichnungen in vollem Umfang: http://bewegen17.com.
George E. Markakis war bisher immer dabei.
Themen bei »bewegen17« waren die fünf Dienste nach Epheser 4: Apostel, Propheten, Evangelisten, Hirten und Lehrer „zur Ausrüstung der Heiligen", um in ihrer Berufung fruchtbar zu sein.
Bei »bewegen18« ging es um „Heilung des Prophetischen" – taubstumm: Wer nicht hört, kann auch nicht sprechen.
Bei »bewegen19« im Frühjahr wurden Löcher geschlossen, im geistlichen Leben Hindernisse beseitigt, die unserer Berufung entgegenstanden.
Und das Herbst-Motto: „Verändert, um zu sein" – damit wir zunehmend verwandelt werden in Sein Bild.

EINE KONFERENZ MIT REFORMATORISCHEM POTENZIAL

Hörproben: http://bewegen17.com
mp3-CD, jeweils mit den Einheiten der 4-tägigen Treffen plus Bonus-Material. »bewegen«-CDs per E-Mail bestellen: info@agentur-pji.com

à € 10,–